*„Der Herr hat das Roß
zum Gesellen des Windes gemacht
und zum Gefährten des Sturmes..."*

Johann Wolfgang von Goethe

TOMÁŠ MÍČEK

FASZINATION PFERD

Text von Christina Vogel-Bauer

KARL MÜLLER VERLAG

© by Karl Müller Verlag, Danziger Str. 6, D-91052 Erlangen
© Fotos und Bildlegenden by Tomàš Míček

Alle Rechte vorbehalten.
Kein Teil des Werkes darf in irgendeiner Form (durch
Fotokopie, Mikrofilm oder ein ähnliches Verfahren) ohne die
schriftliche Genehmigung des Verlages reproduziert oder
unter Verwendung elektronischer Systeme verarbeitet,
vervielfältigt oder verbreitet werden.

Alle Bilder wurden mit Canon-Kameras fotografiert
Filmentwicklung: Fotolabor Kessler, Linz
Lithos: Artilitho s.n.c., Gardolo-Trento

ISBN 3-86070-531-8

2 3 4 5   8 9 00 1 2

Inhalt

Einführung	6
Araber an der Atlantikküste	8
Camargue: Pferde der Sümpfe	20
Andalusier: Die imposanten „Spanier"	34
Galopp: Die Gangart der Englischen Vollblüter	52
Aus einer Handvoll Südwind: Vollblut-Araber	64
Friesen: Schwarze Wolken- und Sturmrösser	76
Charmante Welsh-Cob-Pferde	88
Bildschön und klug: Lipizzaner	98
Kampfspiel der Norweger-Hengste	104
Haflinger und Isländer: Kleinpferde mit Esprit	116
Andalusische Pferde: Vollkommene Schönheit	134
Verzeichnis der Pferdebesitzer	151
Danksagung	152

Einführung

Naturgemäß bewohnt das Pferd als ein Geschöpf der grenzenlosen Weite offene Savannen und endlose Steppen. Es braucht Luft und Licht, Wind und Sonne, Schnee und Regen, die Temperaturunterschiede zwischen Tag und Nacht, zwischen Sommer und Winter. Sein Zuhause ist die Herde, vom Hengst bewacht und verteidigt, von der Leitstute geführt. Neben langsamem, bedächtigem Vorgehen bei der Nahrungsaufnahme ist dem Pferd auch die schnelle Bewegung der Flucht angeboren: In weit ausholenden Galoppsprüngen mußte es versuchen, seinen Feinden zu entkommen. In der Herde jagt es mit den Gefährten zur Erprobung der Kräfte um die Wette. Zum Aufspüren neuer Weidegründe wandert es von Horizont zu Horizont.

Unter den Umweltbedingungen der Steppe lebten Pferde in steter Bewegung. Deshalb ist Bewegung das Element des Pferdes. Sie bedeutet Rettung vor der Gefahr, Leben.

Tomáš Míček, ein Pferdefotograf der Meisterklasse, interessiert sich besonders für diese natürliche Bewegung und hat mit seiner Kamera ihre Dynamik bei Pferden markanter Rassen eingefangen. Ein Geheimnis der Bilder liegt in der natürlichen Ungezwungenheit seiner Motivwahl, denn am liebsten fotografiert er Pferde in Freiheit. Gestellte Aufnahmen oder Pferde mit Zaumzeug reizen ihn nicht. Manche seiner Bilder bedürfen jedoch bezüglich der Gestaltung dennoch einer gewissen Regie. Er beobachtet, wartet ab und fotografiert das Anregende, Bemerkenswerte und Fesselnde, das geschieht. Ihn begeistern Lebhaftigkeit, Elan und Energie dieser Tiere, er genießt Schwung und Rhythmus ihrer Bewegungen. Er fotografiert Pferde mit Begeisterung, mit Herz und ganzer Seele. Er versucht, nicht nur auffällige Aktionen festzuhalten, sondern auch alle möglichen Nuancen im Ausdruck der Augen, im Spiel der Ohren und Nüstern. Seine Bilder geben das Temperament und auch das Charisma der Tiere wieder. Sein Erfolgsrezept ist Geduld, ohne den Blick für Lebendigkeit und Spannung zu verlieren. So entstehen Bilder von „wilden" Pferden, von Pferden in einer behutsam begrenzten Freiheit. Auf zahlreichen Reisen quer durch Europa versuchte er Pferde möglichst in ihrem natürlichen Lebensraum zu fotografieren. Mit Feingefühl und Sachkenntnis hat er aus der Fülle seiner exzellenten Bilder eine markante Auswahl zusammengestellt und zeigt hier als eine „Hommage" an das Pferd zehn Rassen, die den edelsten, durchgezüchteten Blutlinien entstammen.

In den Fluten des Atlantiks fotografierte er geschmeidige, elegante Vollblut-Araber. Weitere Vertreter dieser Rasse wurden in Südfrankreich, Hessen und Oberösterreich aufgenommen. Die leistungsfähigen, robusten Camargue-Pferde konnte er in ihrer Heimat, dem Rhone-Delta, im Bild festhalten. Eine Herde Englische Vollblüter aus einem Gestüt in Südmähren galoppiert auf den Fotos frontal auf den Betrachter zu. Die kraftsprühenden Bilder der Friesen-Pferde, fotografiert in Nordrhein-Westfalen, erinnern an Wolken- und Sturmrösser alter Zeiten. Fesselnde Fotos charmanter Welsh-Cob-Pferde entstanden in Österreich. Wie Gemälde wirken seine Bilder der attraktiven Lipizzaner-Hengste, die er in Österreich und in Lipica aufgenommen hat. Aus Bayern stammen die Fotos der kräftigen Norweger-Hengste beim Kampfspiel. Bezaubernde Bilder lebhafter, temperamentvoller Haflinger, Bewegungsstudien, Porträts und Winterimpressionen, hat er in Tirol fotografiert. Ebenfalls im Schnee wurde eine Herde aufgeweckter Island-Ponys abgebildet.

Seit Jahren gilt die große Liebe von Tomáš Míček den eleganten Andalusiern. Diese erlesene, anmutige Erscheinung setzte er vor blütenübersäten Frühlingswiesen und an andalusischen Stränden in Szene. Seine Bilder dokumentieren Faszination, Intelligenz und Gutartigkeit dieser spanischen Rasse.

Der Bildband präsentiert Schönheit und Temperament edler Pferde – eine Augenweide nicht nur für Pferdefreunde!

Araber an der Atlantik-Küste

Nach einer alten Legende soll Poseidon der Vater des Pferdes sein: Er schuf es mit einem Schlag seines Dreizacks aus dem Meer. So bestand bereits im griechischen Sagenkreis eine enge Verbindung zwischen Pferd und Wasser.
Die folgenden Bilder erinnern an Poseidon, den Gott der Meere und der Küsten. Sie zeigen Vollblut-Araber-Stuten am Golf von Biscaya, wie sie die Fluten des Atlantiks durchstürmen oder aus dem Meer ans Land steigen.
Die geschmeidigen, grazilen Bewegungen dieser eleganten Geschöpfe stehen in Kontrast zur ungestümen Kraft des wilden Atlantiks mit seiner tosenden Brandung, den stürmischen Wellen und der brausenden Gischt.

Eine typische Araber-Fuchsstute in der Gischt des Ozeans

In der tosenden Brandung des Atlantiks

*Aus den Wogen des Meeres
soll das Pferd entstanden sein*

Camargue: Pferde der Sümpfe

In der sumpfigen Wildnis des Rhone-Deltas leben die Herden der Camargue-Pferde, eine der leistungsfähigsten Robustpferderassen, die für ihre instinktive Trittsicherheit in Sümpfen und Morasten bekannt ist. Schon Cäsar begeisterte sich für diese Kleinpferderasse und ließ in der Gegend von Arles zwei Gestüte anlegen.

Die Ursprünge dieser Rasse lassen sich anhand von Knochenfunden bis in die Quartärzeit zurückverfolgen. Als im Jahr 730 die Mauren in Südfrankreich einfielen, mögen sich Blutzufuhren durch Araber- und Berberhengste ergeben haben. Durch die äußerst harten Lebensbedingungen wurden züchterische Einkreuzungen mischrassiger Hengste durch die Natur wieder ausgemerzt, so daß die Rasse relativ konstant erhalten blieb. Nur orientalische Bluteinflüsse, vor allem die des Berbers, machen sich heute noch schwach bemerkbar.

An die Pferde der legendären Rinderhirten der Camargue, die in den salzigen Sümpfen die schwarzen, wendigen Stiere treiben, wurden schon immer hohe Anforderungen gestellt.

Weltweit gibt es zur Zeit ungefähr eintausend „echte", unverkreuzte Camargue-Pferde. Ihr „Ziegenbart" ist ein Beweis für Reinrassigkeit: lange buschige Haare reichen von der Ganasche bis zur Unterlippe. Auch wenn die Pferde dunkel zur Welt kommen, so tragen sie im Alter doch immer ein schneeweißes Fell.

Camargue-Pferde lieben das Wasser und können sogar mit zugekniffenen Nüstern unter Wasser Schilftriebe äsen. Sie weiden meist ganzjährig unter freiem Himmel in weiträumigen Schilfsümpfen und auf Salzsteppen.

Mit flinken, beweglichen, kräftigen Gliedmaßen und breiten Hufen sind sie an ihren Lebensraum bestens angepaßt. Die in der Camargue aufgenommenen Bilder vermitteln einen typischen Eindruck von diesen harten, genügsamen und ausdauernden Pferden.

Camargue-Pferde galoppieren durch das seichte Wasser eines Sumpfes

*Hochgereckte Köpfe,
geblähte Nüstern,
flatternde Mähnen –
Camargue-Pferde
jagen durch flaches
Wasser*

„So viel Freiheit erleben
und mit ihnen davonstürmen.
Ich würde alles geben,
ein Pferd zu sein."

Graf von Odiel

Reitwallache stürmen über die Schilfsümpfe der Camargue

Andalusier: Die imposanten „Spanier"

Im Südwesten der iberischen Halbinsel befindet sich die Heimat der Andalusier. Dort werden schon seit vielen Jahrhunderten Pferde gezüchtet. Andalusien ist der Teil Spaniens, der im 8. Jahrhundert von den Mauren erobert wurde. Während der Jahrhunderte der Maurenherrschaft vermischte sich das Blut der maghrebinischen Pferde (dem heutigen Berber) und der iberischen Pferde auf höchst vorteilhafte Weise. Ein weiterer, entscheidender Blutanteil kam zusätzlich aus dem Norden von den schweren Pferden der Visigoten, die hier vierhundert Jahre lang herrschten. So entstand das Andalusische Pferd – die reingezogene „Pura Raza Española", eine der ältesten Kulturpferderassen der Welt.

Wegen des von Natur aus hohen Kniebugs wurden die eleganten Tiere besonders als Paradepferde sehr beliebt. Beim Laufen hebt der Andalusier die Vorderbeine fast bis in Brusthöhe und schlägt aus, wenn er sie wieder auf den Boden setzt. Dieser auffällige Gang wird gerne beim Fest der Pferde in Sevilla präsentiert, als attraktive Ergänzung zu den prächtigen Festanzügen der Stierkämpfer und Landbesitzer.

Jedoch sollte die sprichwörtliche Eleganz dieser Pferde niemals darüber hinwegtäuschen, daß sie sich ebenso durch Härte und Genügsamkeit auszeichnen.

In Andalusien entstanden zauberhafte Fotos prächtiger Hengste und Bilder von Stuten mit ihren Fohlen vor der Kulisse üppiger Blumenwiesen. Leuchtende Farben der Frühjahrsblüher und ein strahlend blauer Himmel lassen besonders die orientalische Schimmelfarbe hervortreten. Das üppig gewellte Langhaar der Andalusier und der metallische Glanz ihres Haarkleides betonen ihr elegantes Erscheinungsbild. Den Betrachter fasziniert die tänzerische Wendigkeit dieser imposanten „Spanier".

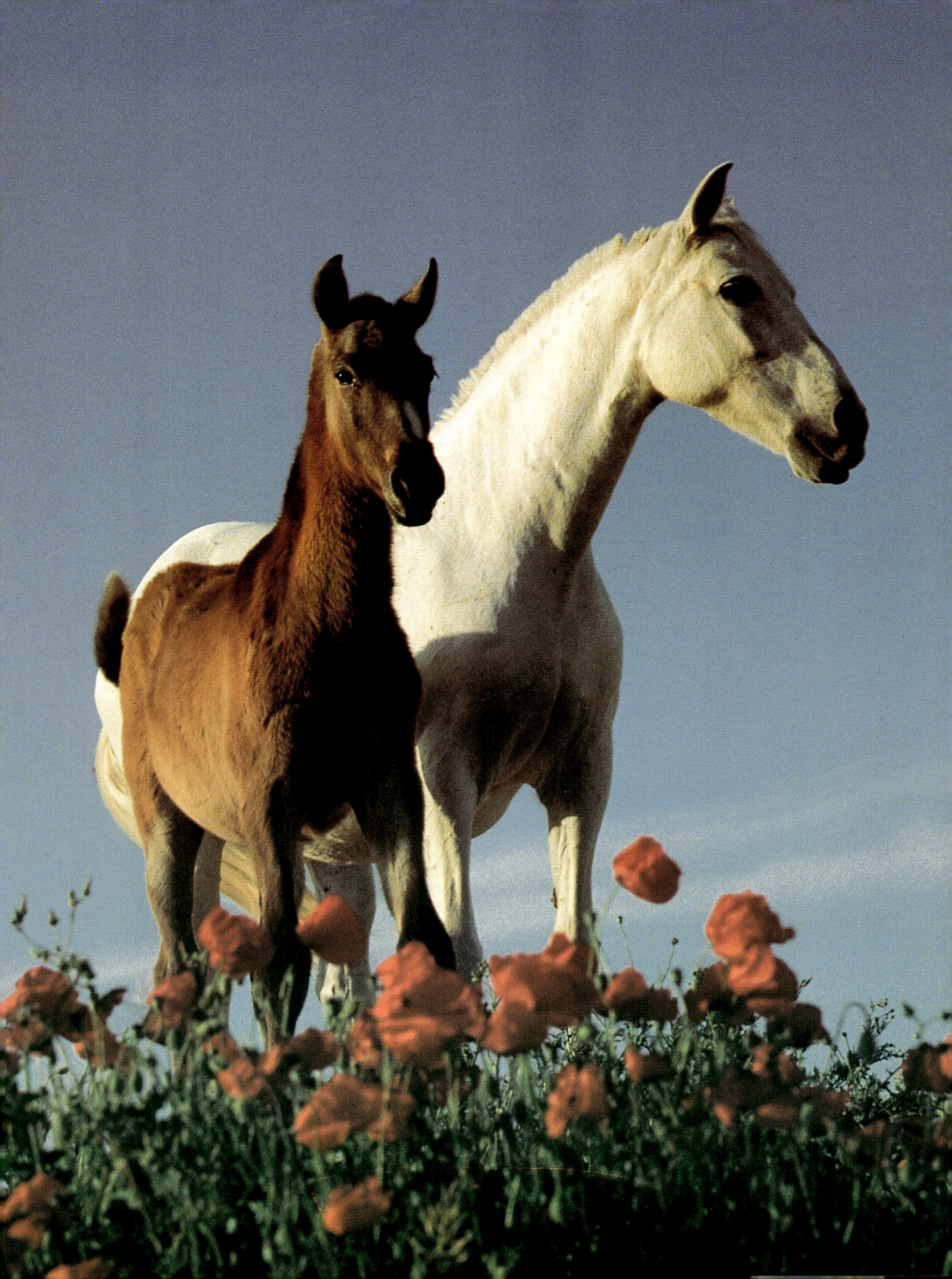

*Andalusischer
Hengst inmitten
einer üppig
blühenden
Frühlingswiese*

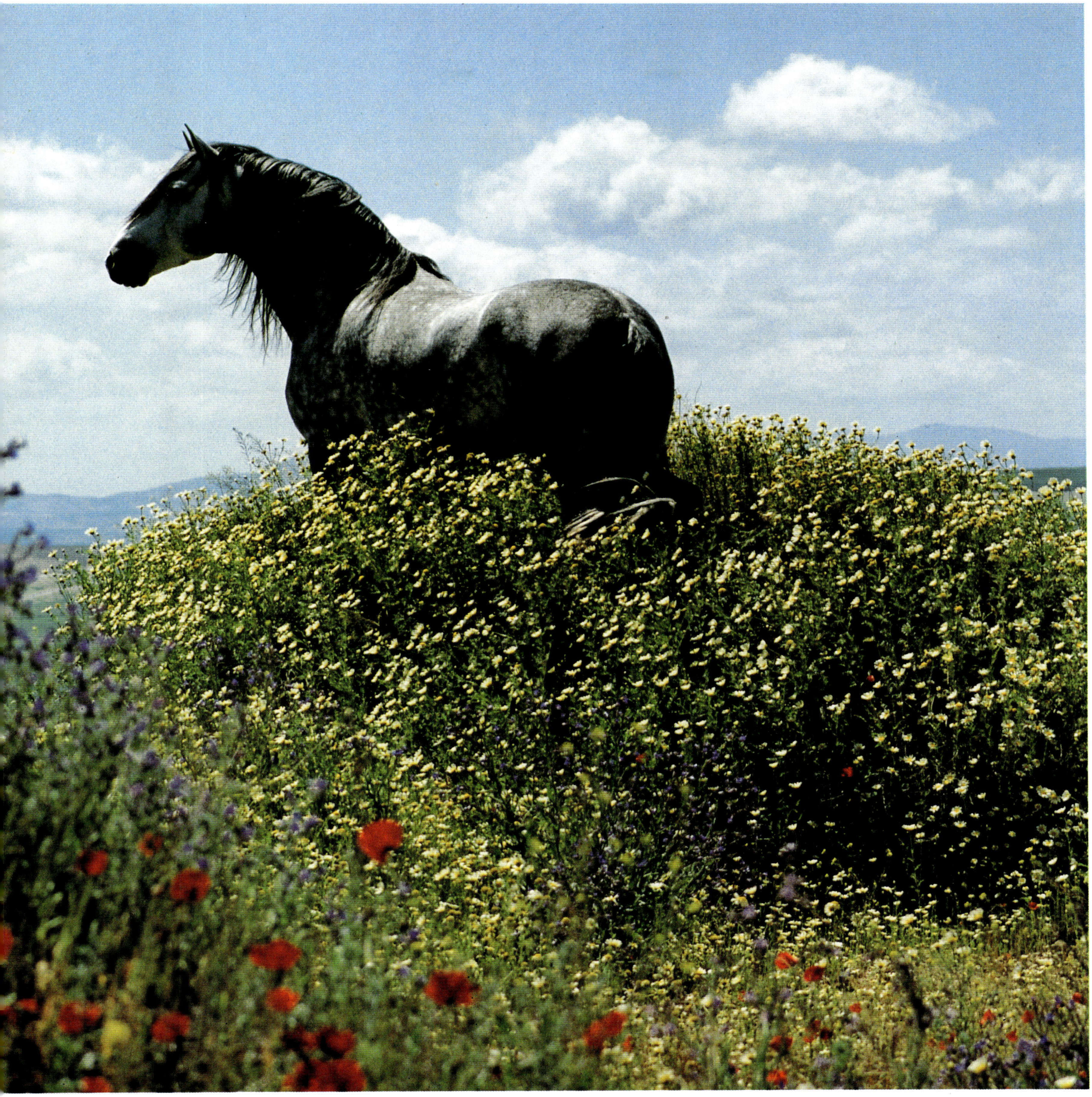

*Der Hengst „Mastil"
hebt elegant seinen
Vorderhuf. Dieser
auffällige Gang hat
die Andalusier z.B.
als Paradepferde
beliebt gemacht*

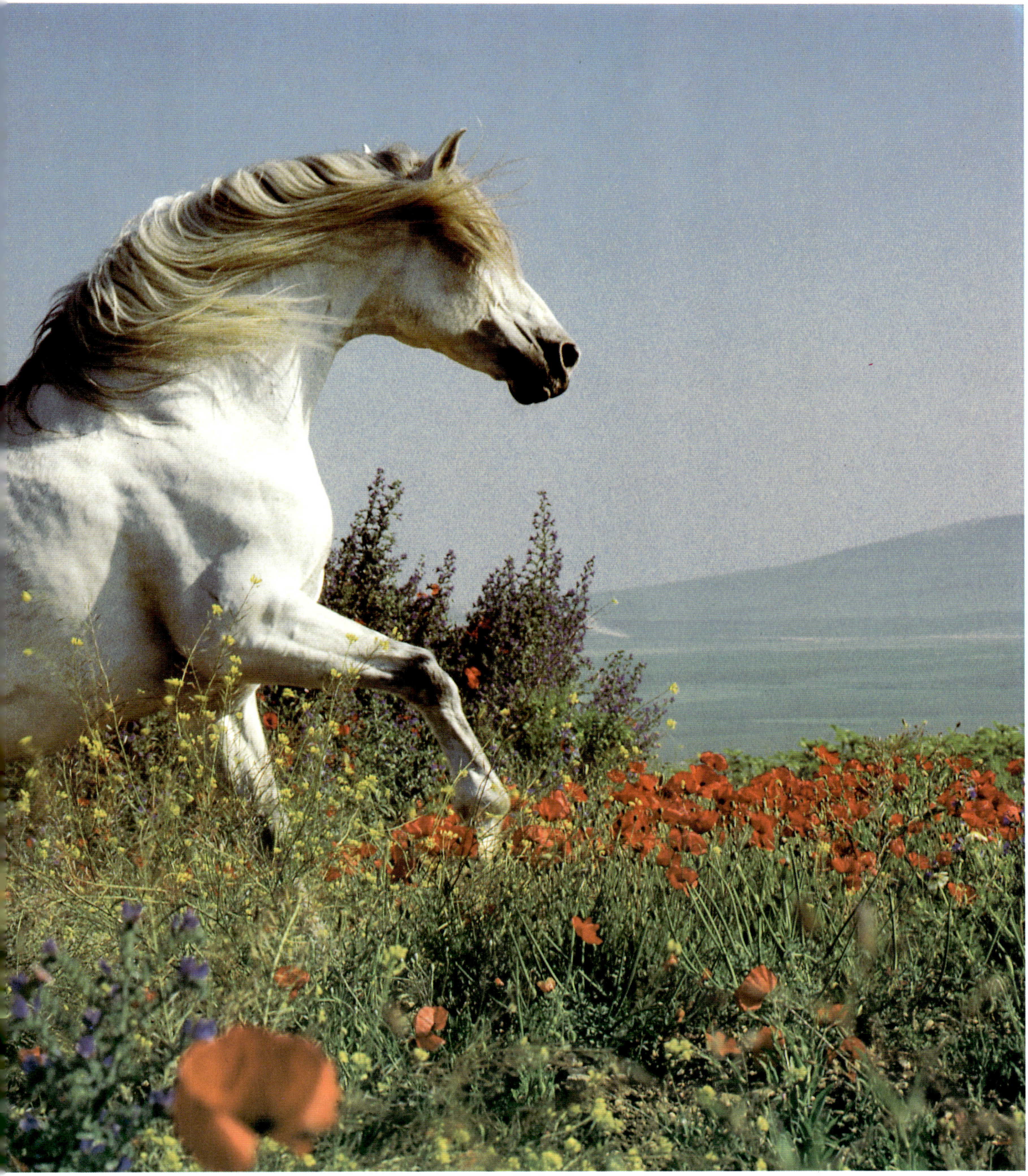

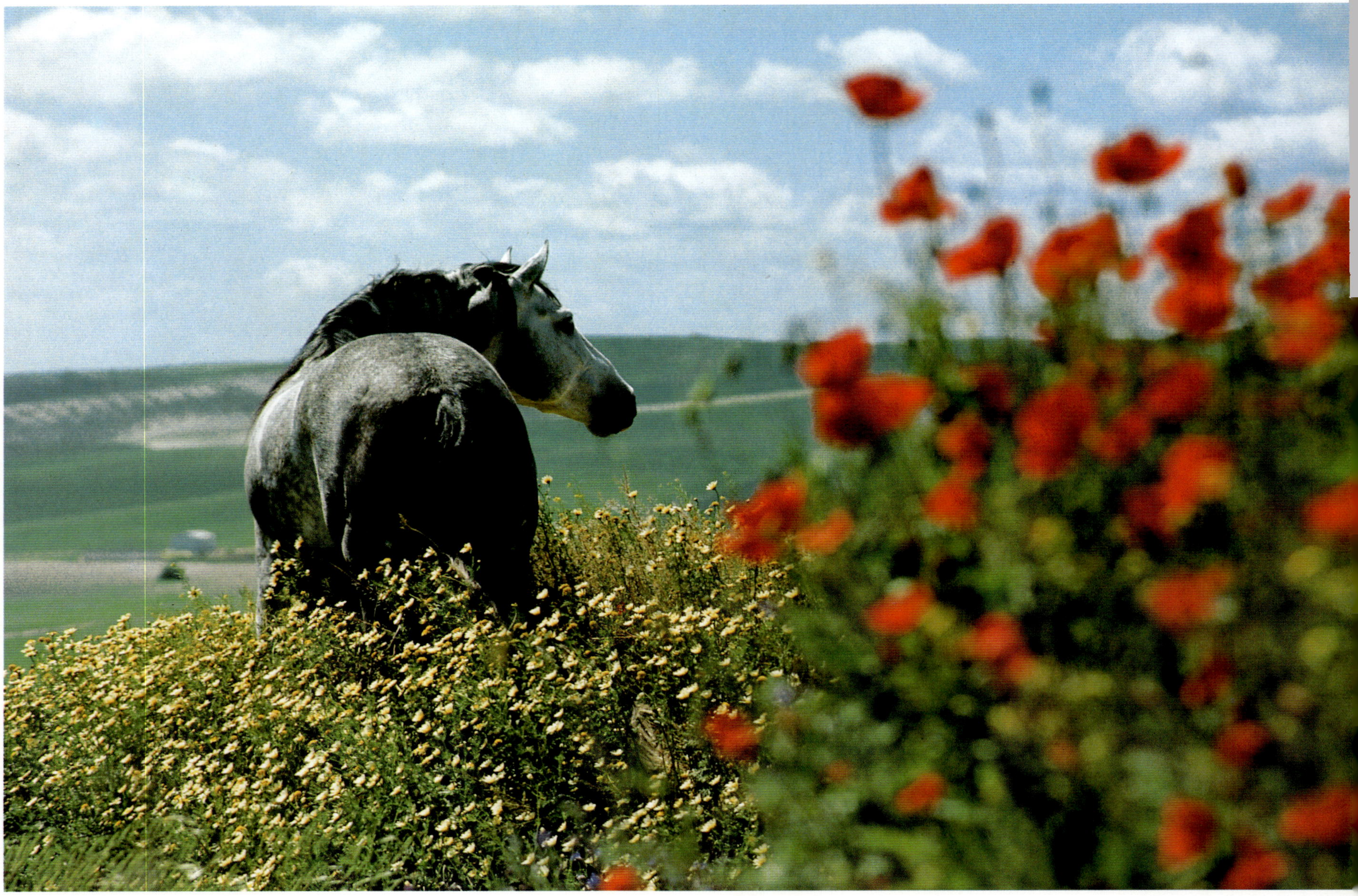

Der Rapphengst „Tribuno" reckt Kopf und Hals steil nach oben. Er hat einen Geruch wahrgenommen – vielleicht den seines Rivalen „Quilate"?

*Zärtlich stupst die
Andalusier-Stute ihr
Fohlen*

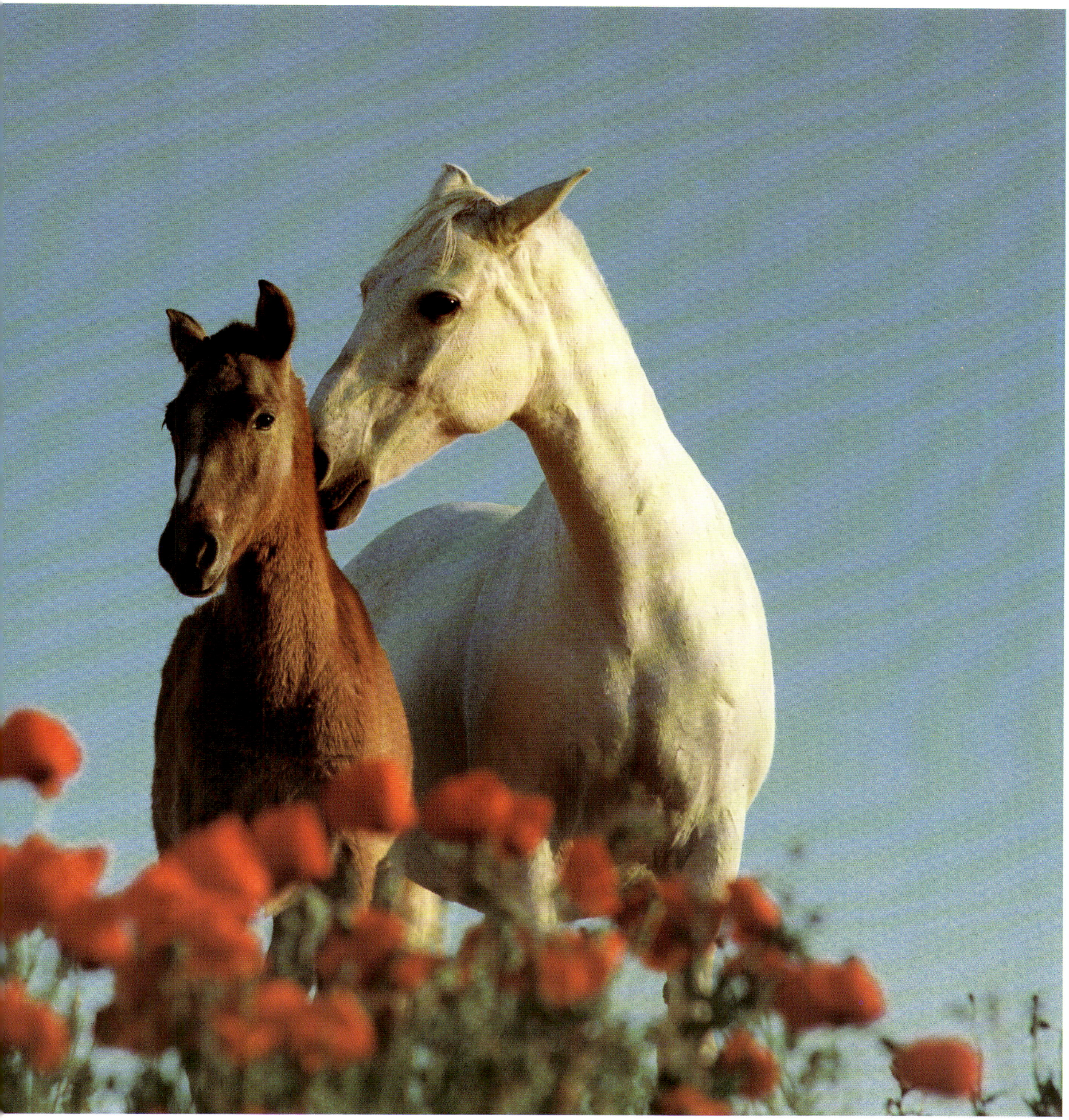

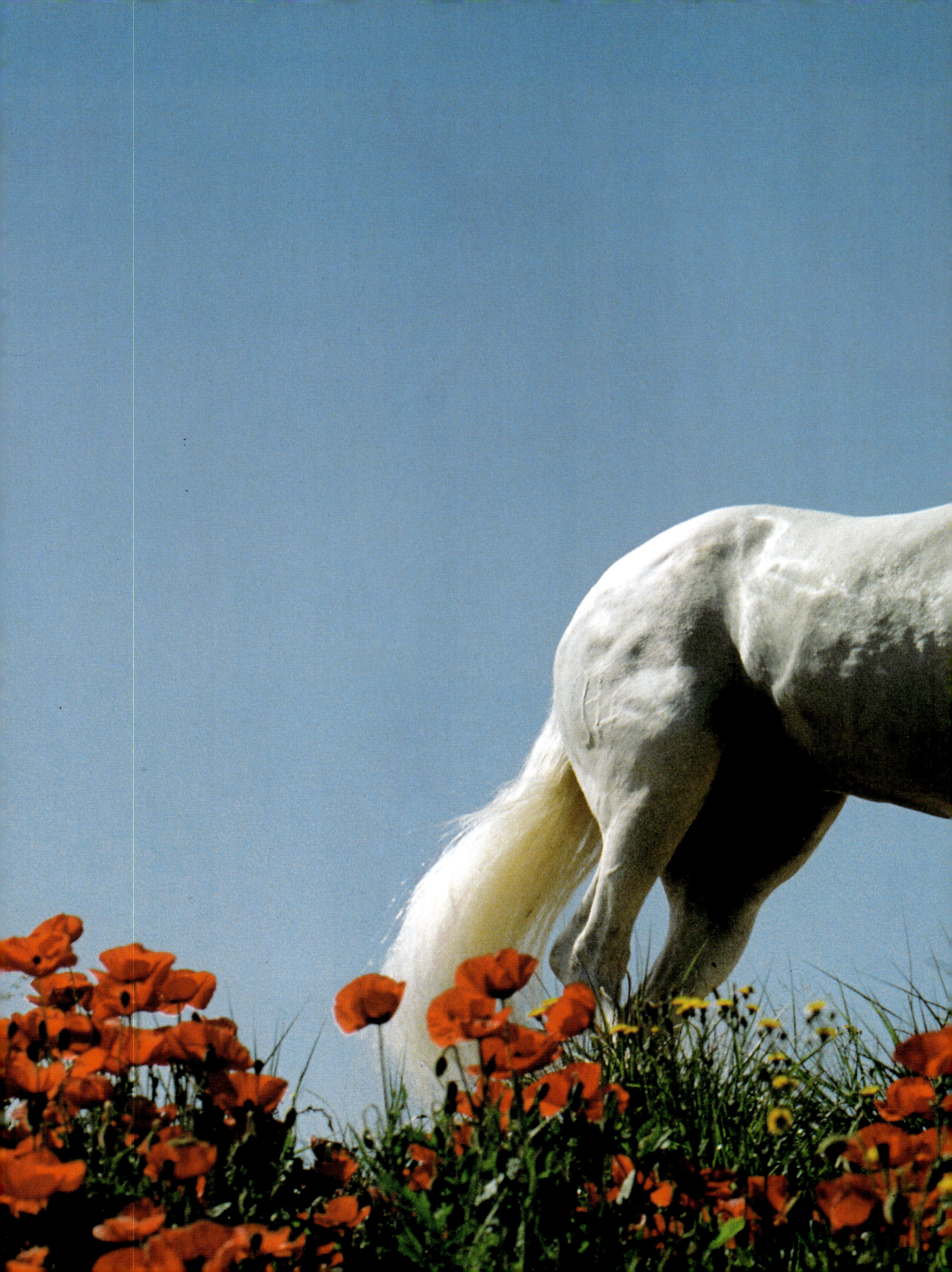

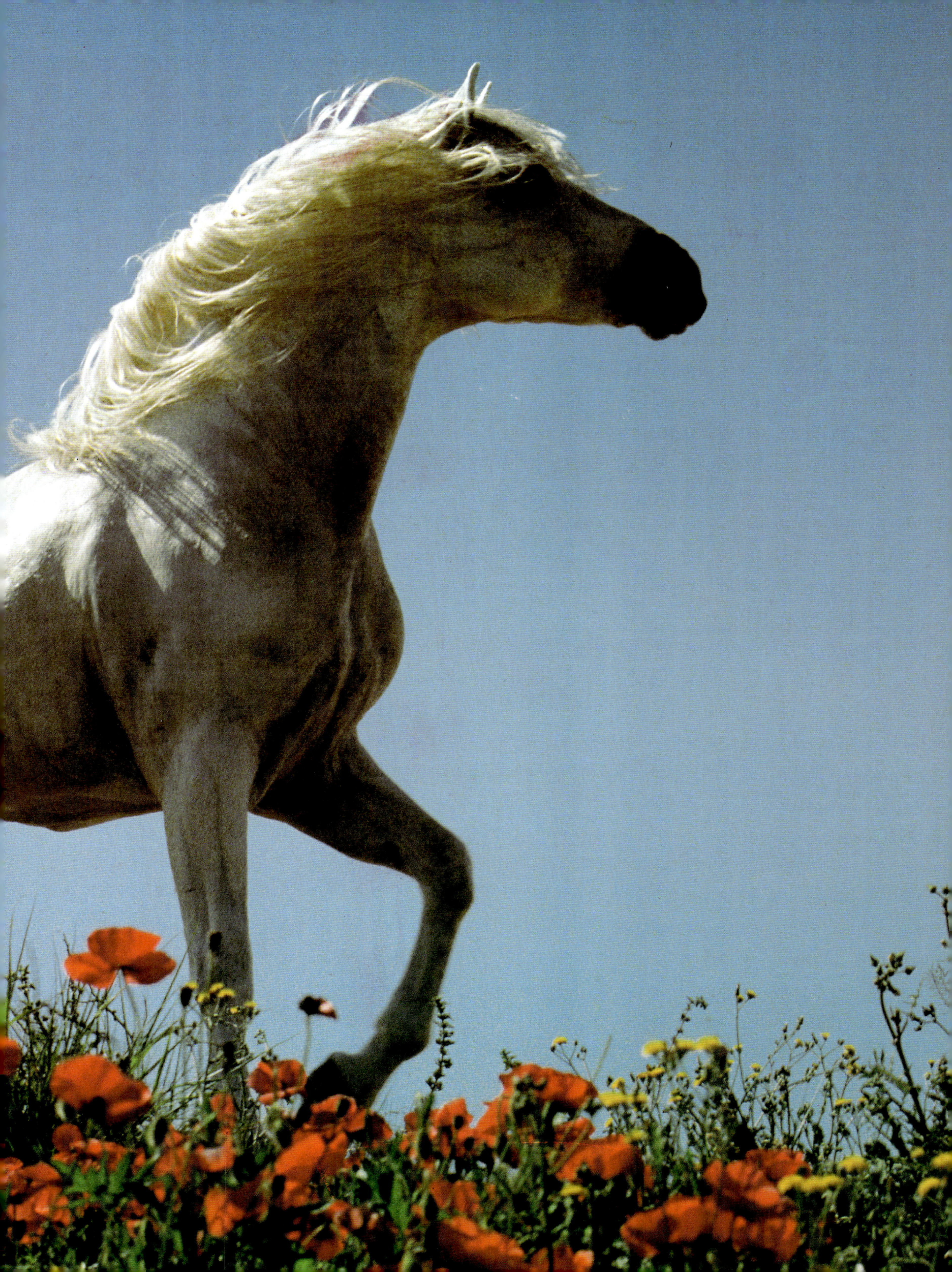

*Ausdrucksstarkes Porträt des
Hengstes „Valido"*

*Die Wellenlinien der
Sanddünen wiederholen sich in
den muskulösen Körperformen
des Hengstes*

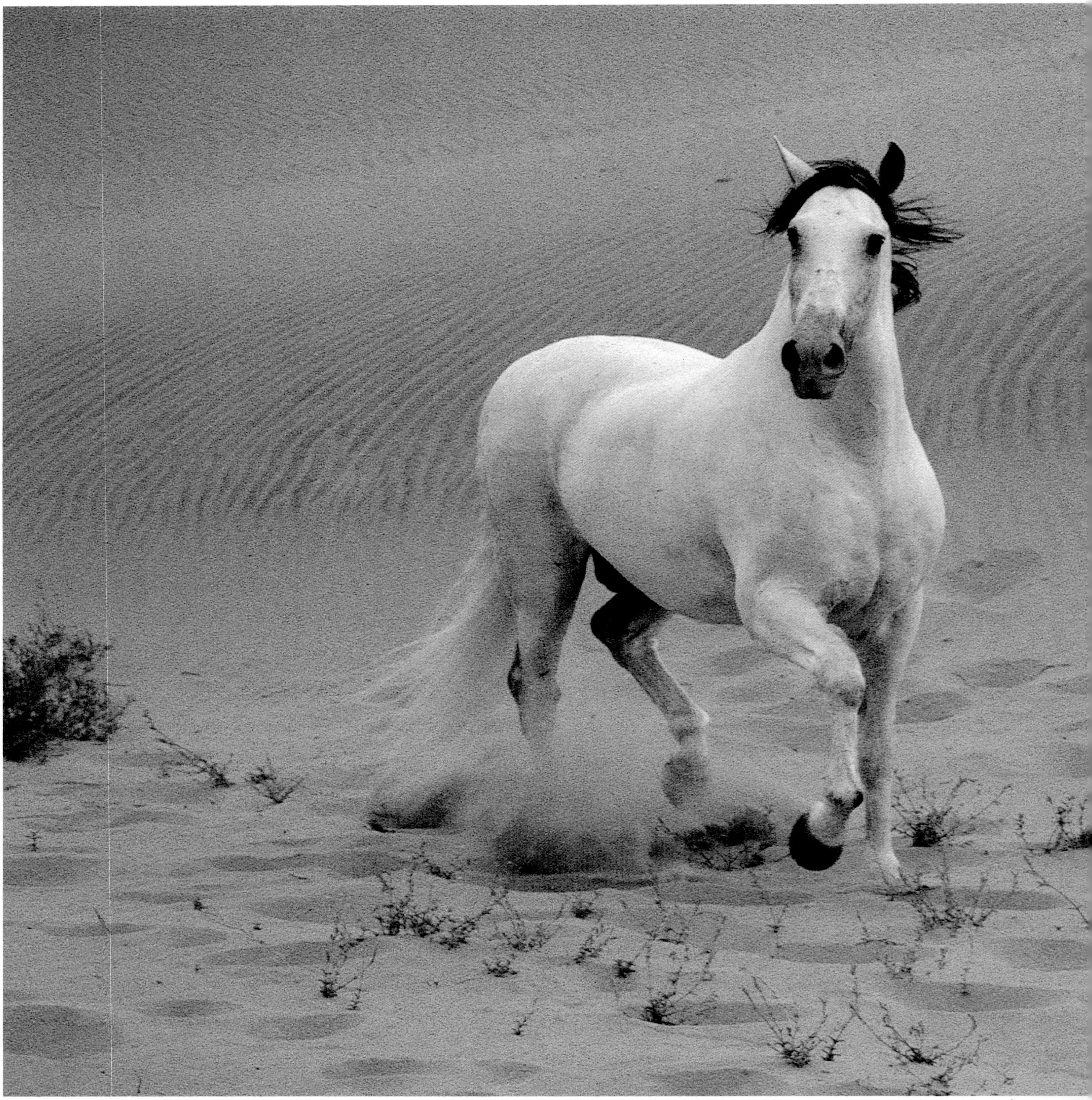

„Von einem weißen Hengst
träumte der Junge,
bis er ihn eines Tages
bei der Mähne packte."

Antonio Machado

Beim Grasen hat der Hengst „Vasallo" einen interessanten Duft zwischen den Frühlingsblumen wahrgenommen

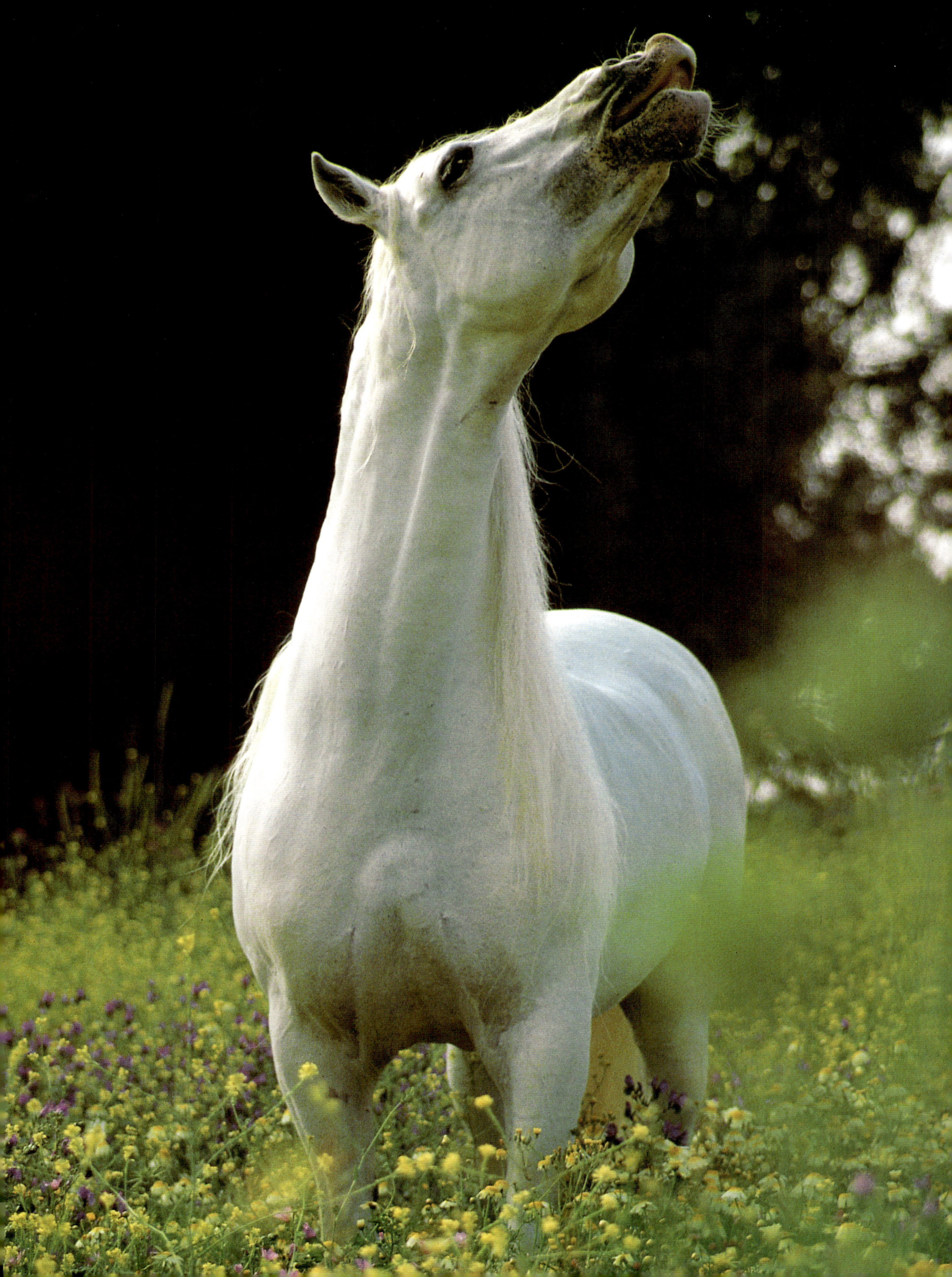

Galopp: Die Gangart der Englischen Vollblüter

Das Englische Vollblut, eine nach menschlicher Vorstellung ausschließlich auf Schnelligkeit und Leistungswillen hin geschaffene Zuchtrasse, verdankt ihre Entwicklung hauptsächlich der Vorliebe der Engländer für Wettrennen und Rennwetten. 1793 wurde in England das erste Gestütsbuch herausgegeben, auf das sich heute alle Vollblüter über mehr als dreißig Generationen hinweg lückenlos zurückführen lassen. Die drei sogenannten Stammväter „Byerley Turk", „Darley Arabian" und „Godolphin Barb", die um 1700 nach England eingeführt wurden, finden sich unter den Vorfahren von wenigstens 80 Prozent aller Vollblüter der Erde.

„Byerley Turk", der älteste unter ihnen, war ein türkischer Hengst, den der englische Rittmeister Byerley 1683 während der Belagerung Wiens durch die Türken erobert haben soll.

„Darley Arabian", der einzige wirklich aus Arabien stammende, bestach durch seine vollkommene Schönheit. Dieser Hengst gelangte 1704 in den Besitz des englischen Konsuls Thomas Darley, der mit dem Pferd einen der drei Hauptzweige des englischen Vollblutgeschlechts begründete.

Aus Tanger kam „Godolphin Barb" als Geschenk des Herrschers von Marokko nach Frankreich an den Hof Ludwigs XV. Aber wegen seiner Häßlichkeit – der Berberhengst soll einen riesigen Speckhals, Schweinsohren und eine runde Kruppe gehabt haben – verschenkte oder verkaufte ihn der König. Ein englischer Pferdezüchter, Mr. Cooke, fand den Berber vor einer Wasserkarre in den Straßen von Paris und brachte ihn 1730 nach England. Dort wurde sein Sohn „Lath" das berühmteste Rennpferd seiner Zeit – und sein Vater Urahn der englischen Vollblutzucht.

Die Bilder zeigen Vollblüter in der Gangart, die ihnen am besten entspricht, im vollen Galopp. Lassen Sie die Junghengste, ein wogendes Heer blanker Pferderücken, auf sich zu galoppieren. Die eleganten, kräftig bemuskelten und edel wirkenden Vollblüter tragen trockene, markante Köpfe. Die Bilder entstanden in Südmähren.

*Zwei Junghengste donnern über
mährische Koppeln*

„In vollem Galopp stürzt eine große Masse solcher edlen Tiere heran."

Johann Wolfgang von Goethe

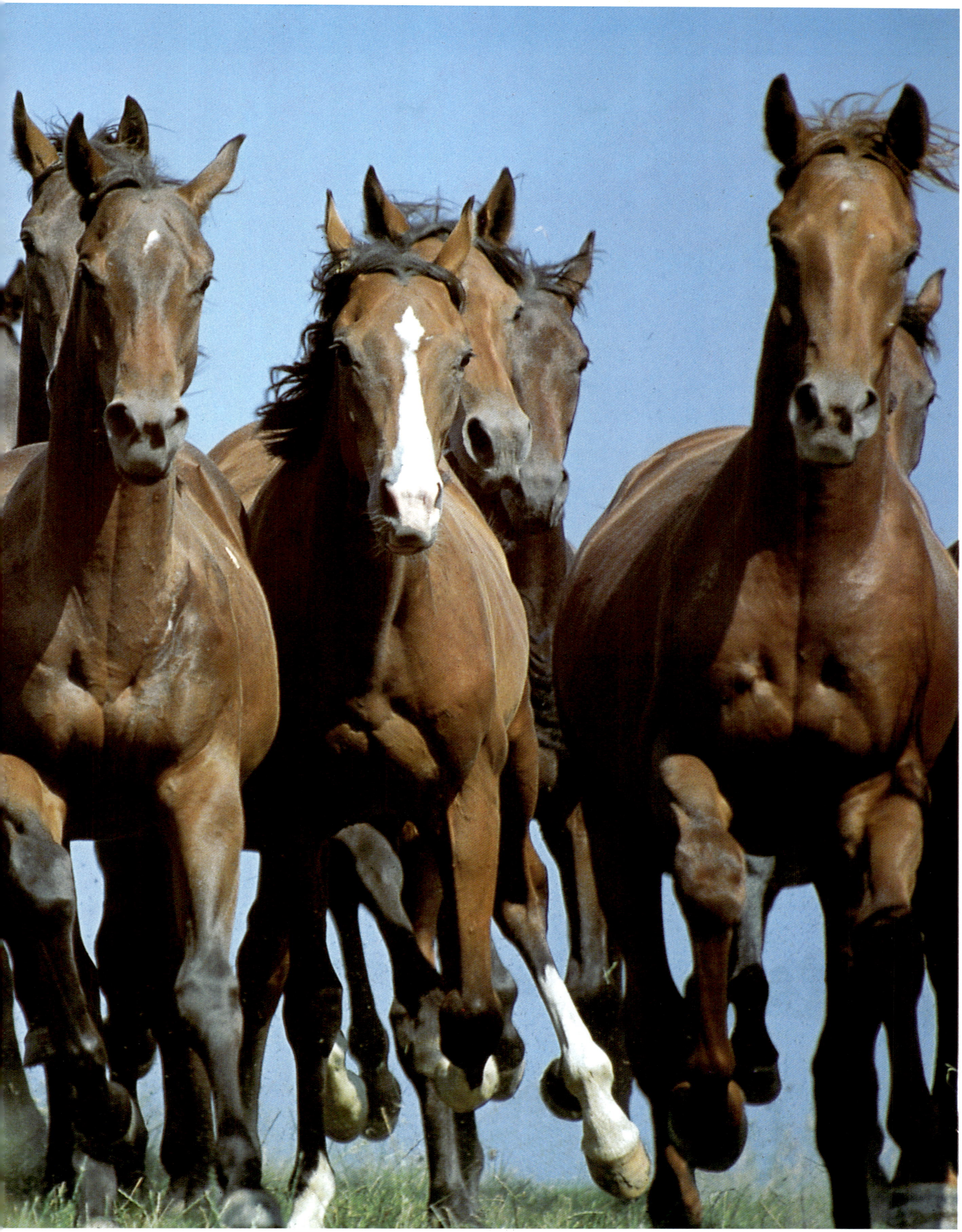

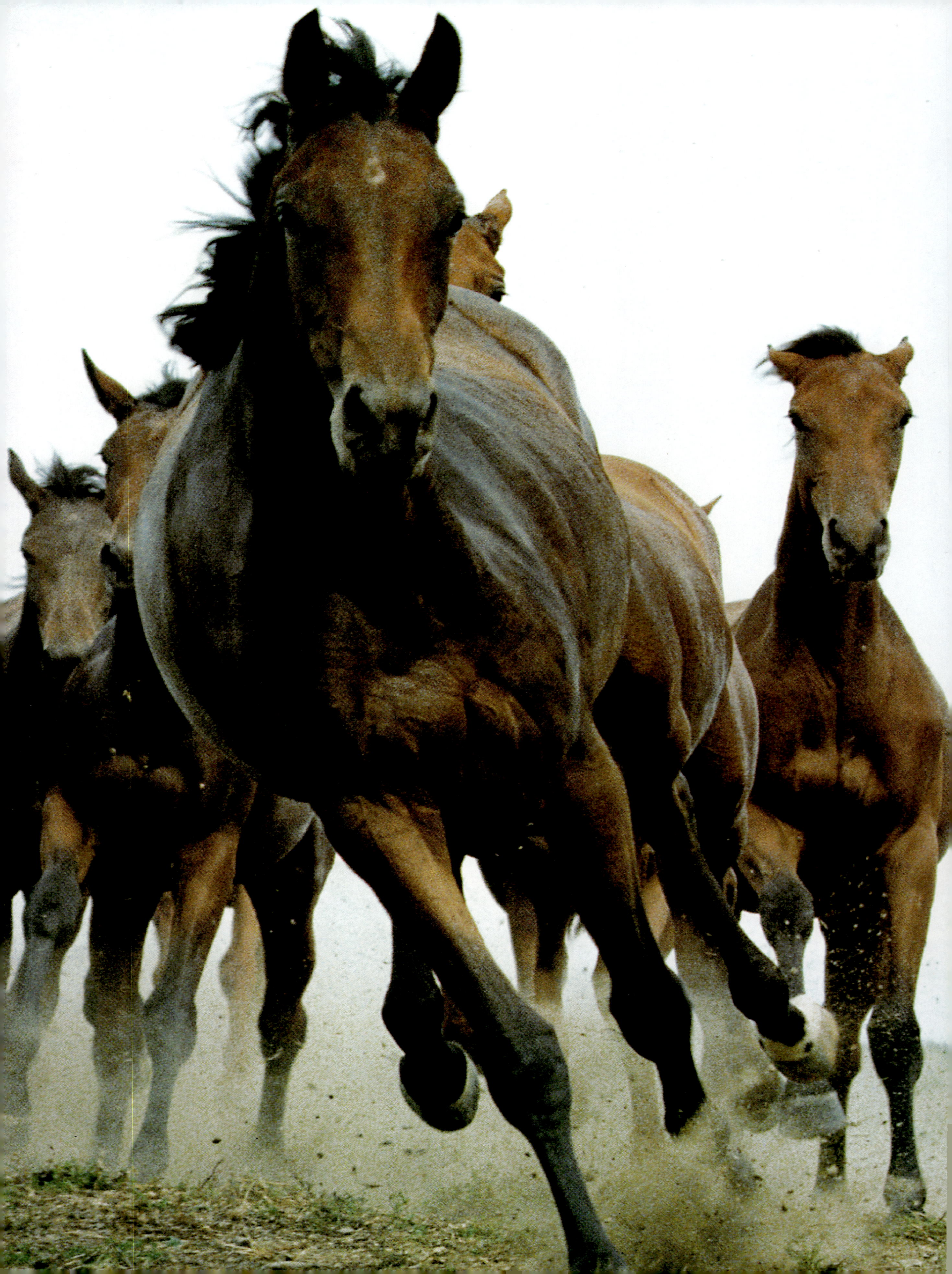

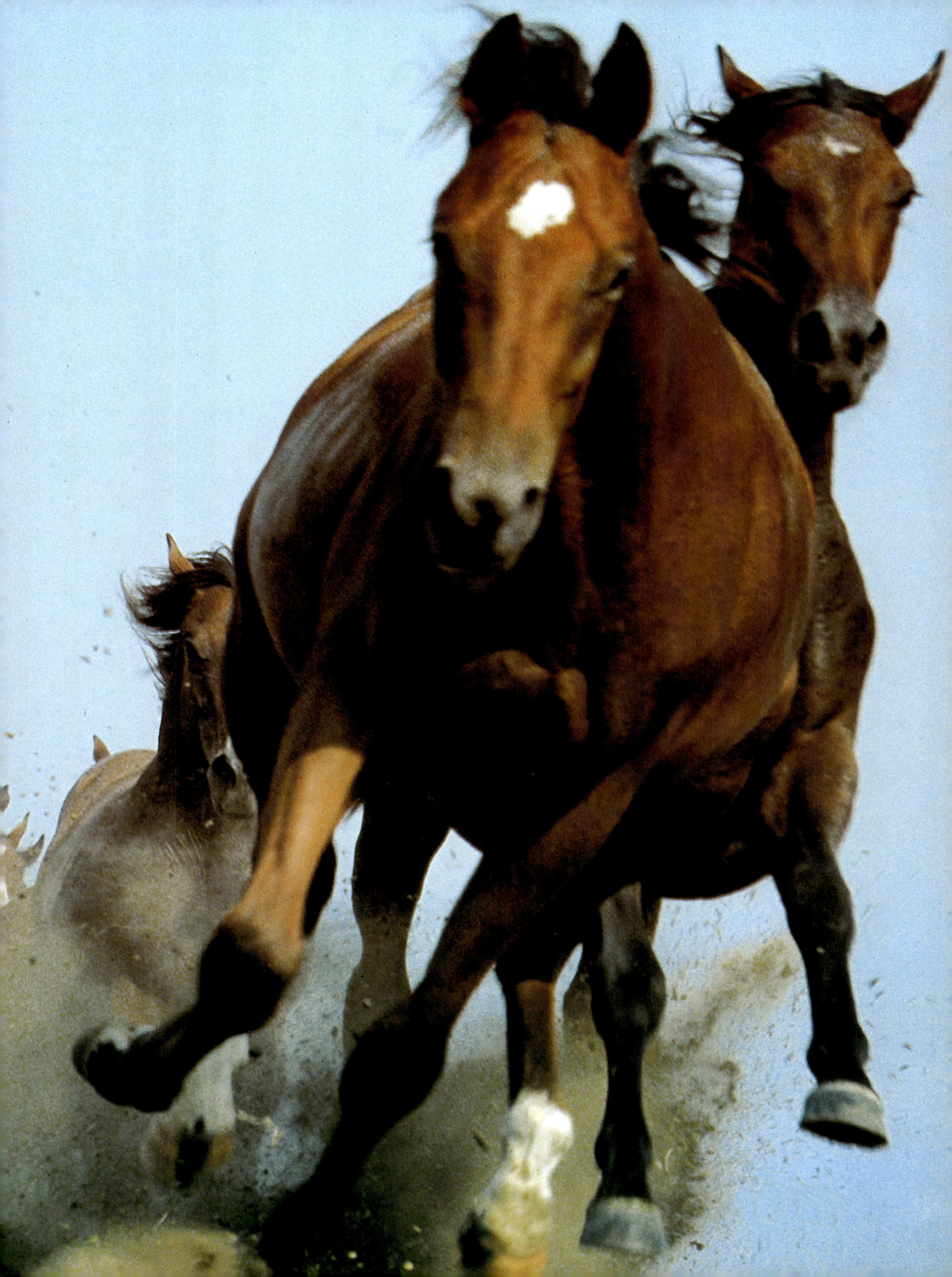

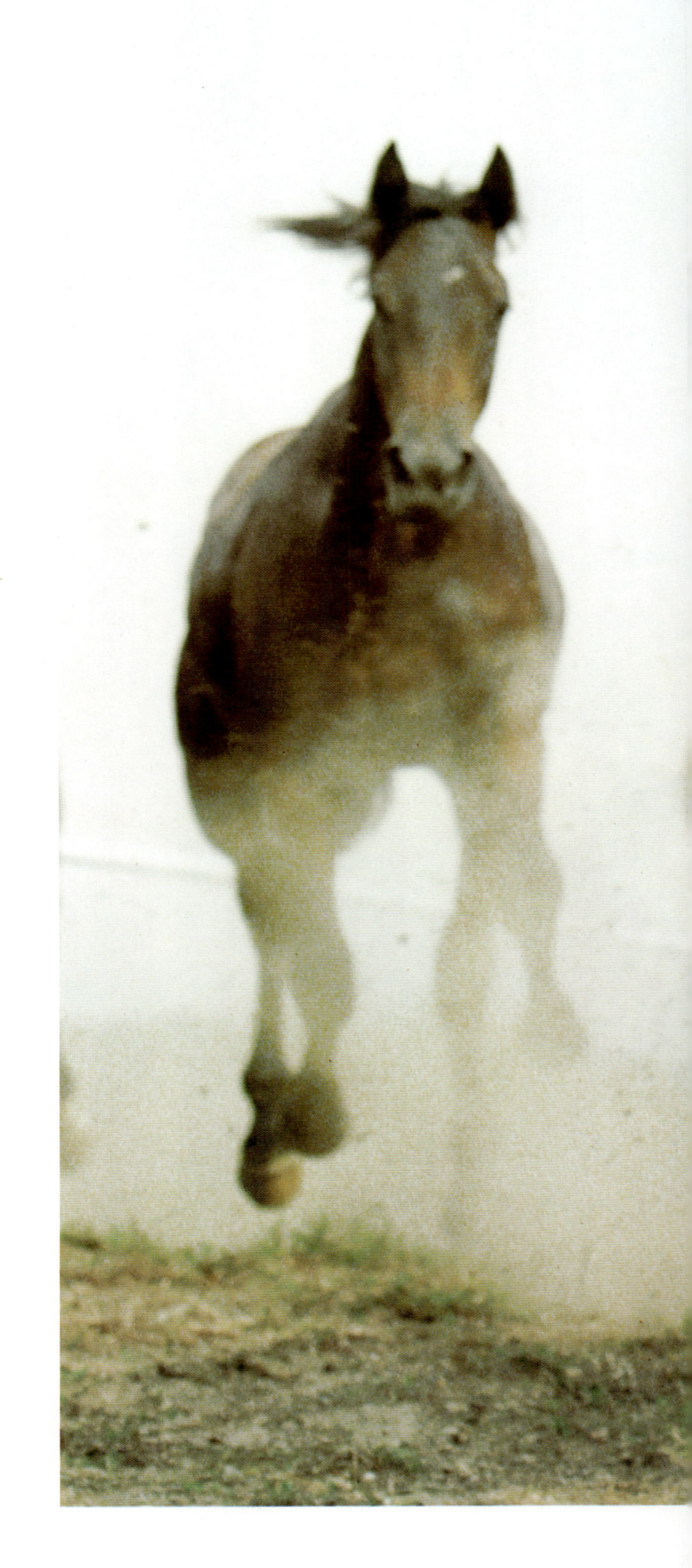

Handelt es sich hier vielleicht um Nachkommen von Pegasus, dem Flügelroß?

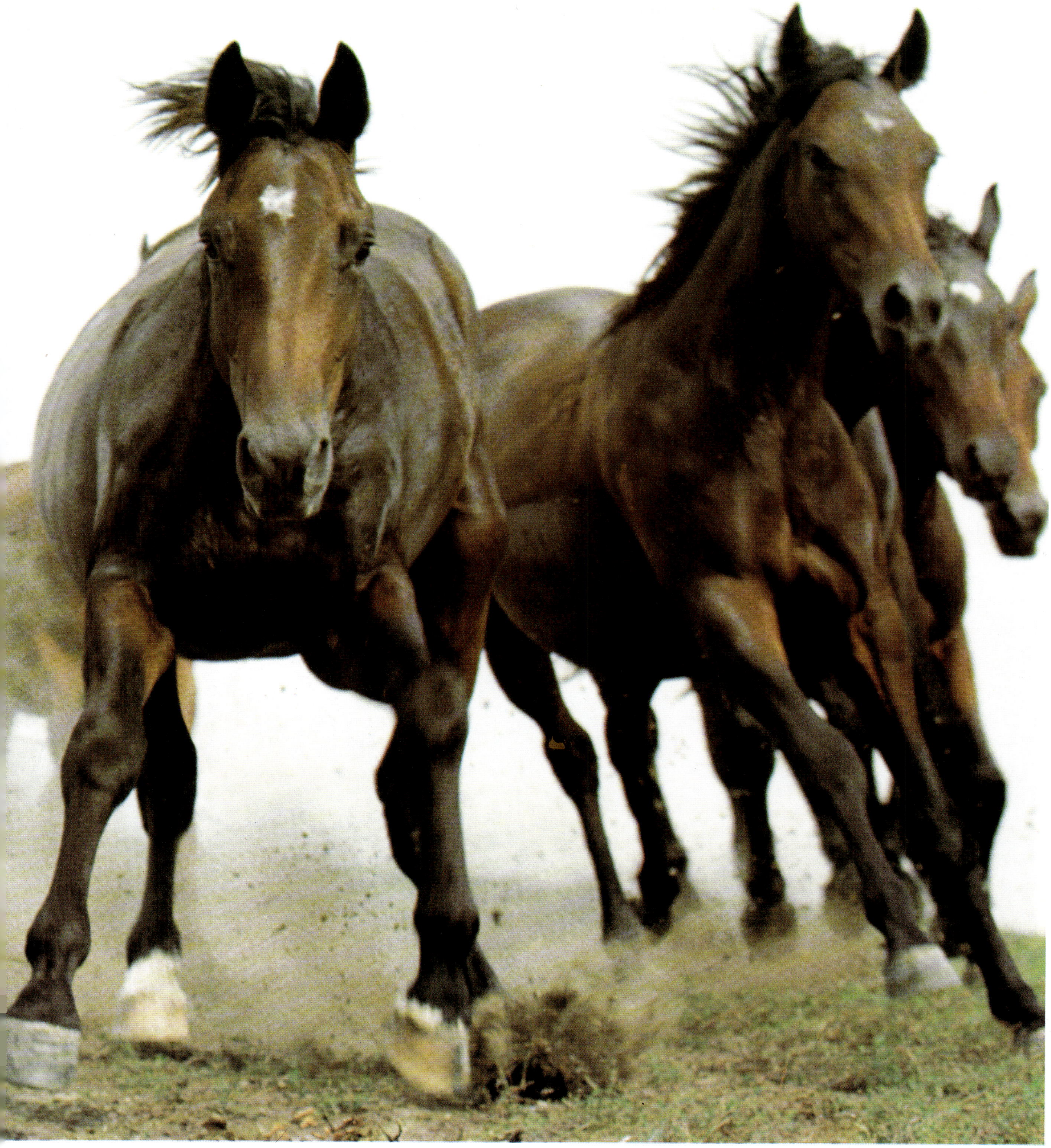

„*Ein Pferd
galoppiert mit seiner Lunge,
hält durch
mit seinem Herzen,
gewinnt
mit seinem Charakter.*"

Frederico Tesio

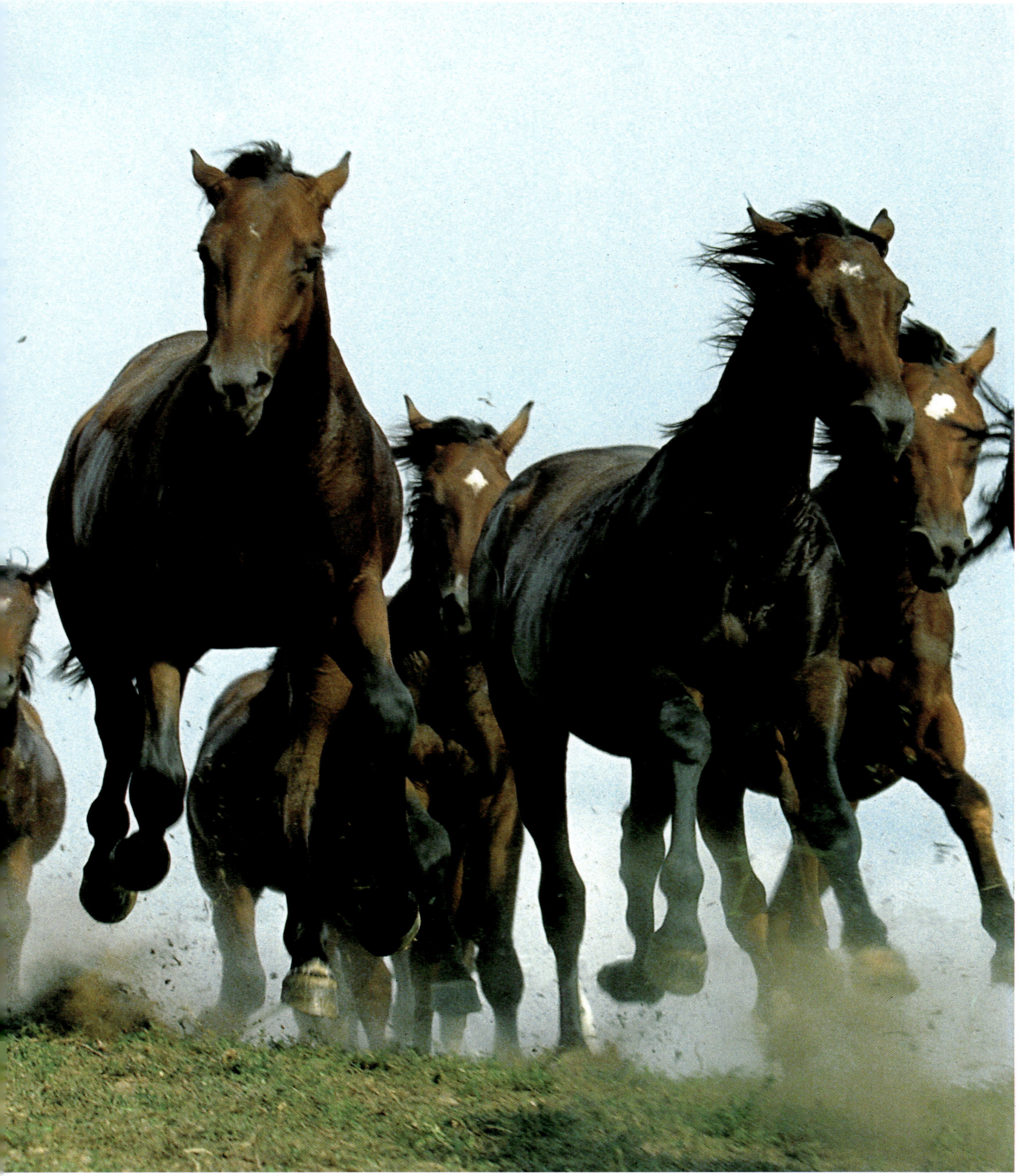

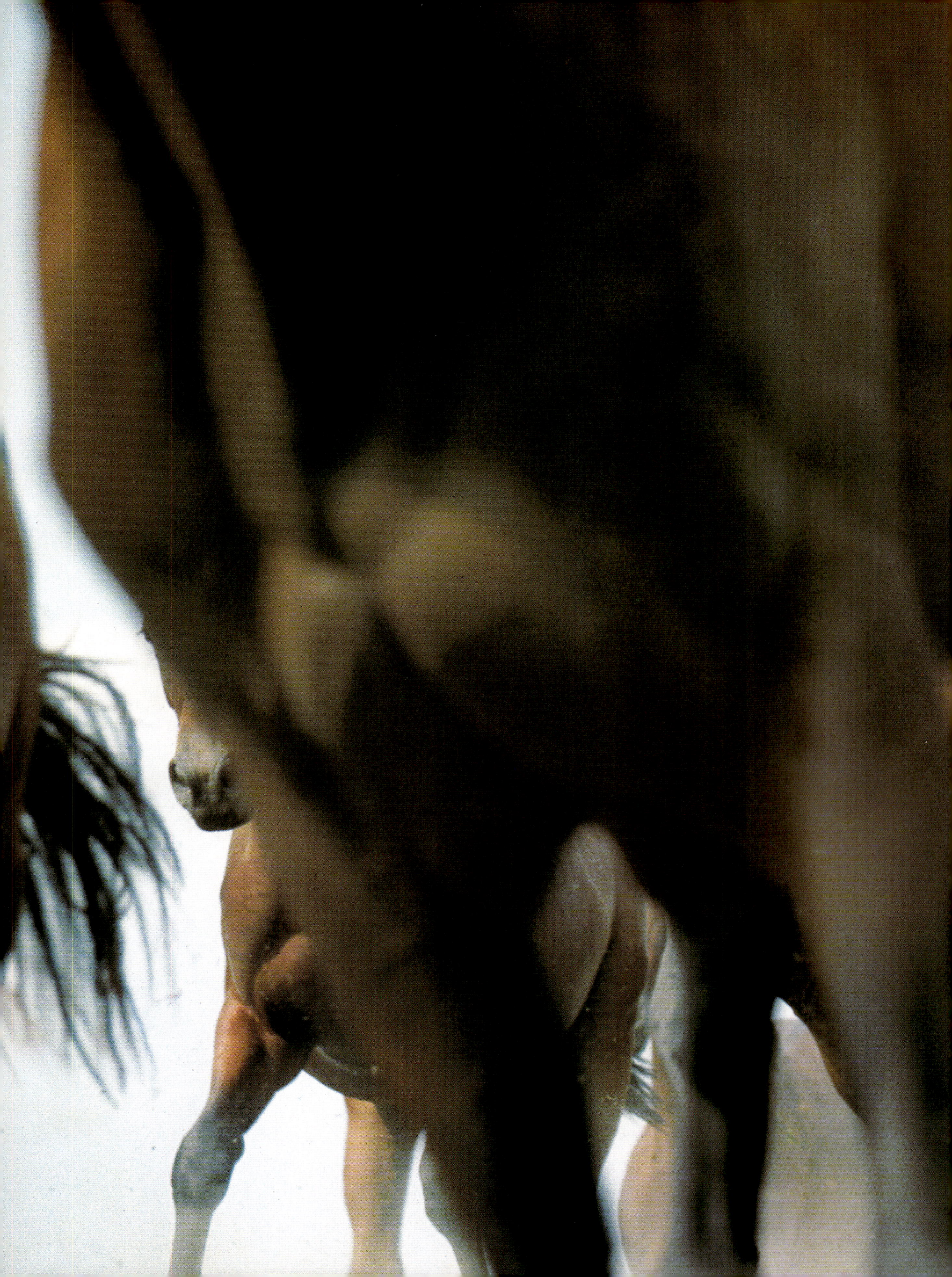

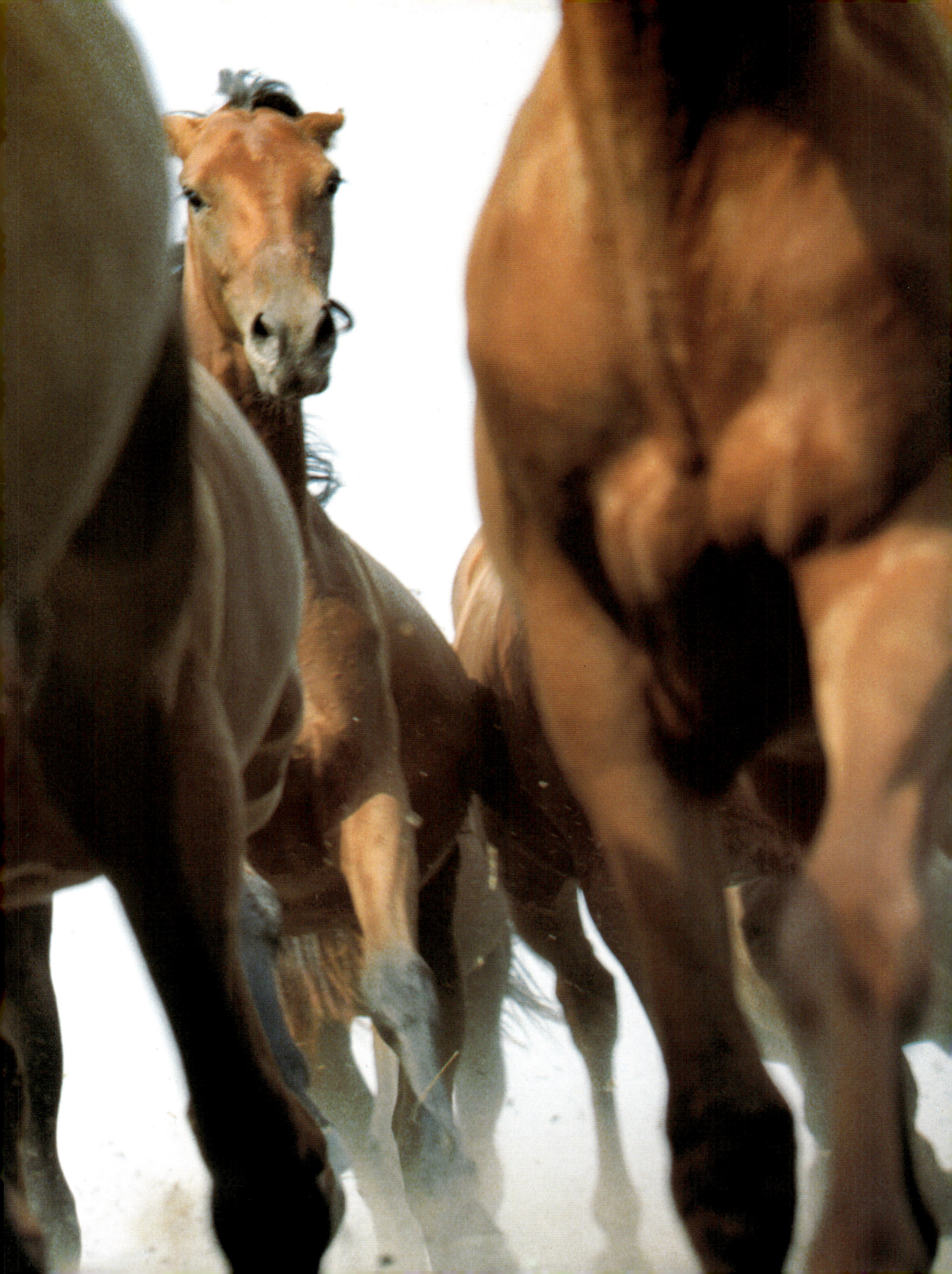

Aus einer Handvoll Südwind: Vollblut-Araber

Welcher Pferdefreund kennt nicht die Legende der Bewohner der arabischen Wüste, der Beduinen, von der Erschaffung des Pferdes? Sie erzählt, daß Gott über eine Handvoll Südwind hauchte und daraus das Pferd erschuf.

Tatsächlich haben die Vollblut-Araber ihren Ursprung in der Wüste, wo man sie als Kriegspferde benutzte. Die Nomadenstämme des Nedschd sieht man heute als eigentliche Quelle der Vollblut-Araberzucht an. Mohammed soll ihnen das Pferd zum Zeltgenossen gegeben und sie immer wieder ermahnt haben, die Rasse rein zu erhalten.

Die Beduinen erlaubten nur Pferden mit einem lückenlosen Stammbaum, sich fortzupflanzen, unabhängig von der Schönheit oder der Leistung der Tiere. Aber nur die besten und härtesten hielten die extremen Anforderungen tagelanger Gewaltritte durch, und nur sie wurden für die Zucht eingesetzt. So haben sich die überragenden Eigenschaften der Rasse, wie Geschwindigkeit, Ausdauer, Kraft und Mut sowie eine hohe Leistungsbereitschaft und -fähigkeit bis ins hohe Alter, erhalten. Die Eigenheit, mit hoch erhobenem Kopf zu galoppieren, gab dem orientalischen Pferd den Beinamen „Trinker der Lüfte". Große, ausdrucksvolle Augen und eine konkave Nasenlinie kennzeichnen den typischen Kopf eines rassigen Arabers. Als sensibles, lernwilliges Reitpferd braucht es einfühlsame Bezugspersonen, die seine Intelligenz und Würde anerkennen. Die Pferde begeistern durch ihre Wendigkeit und Anmut im Bewegungsablauf.

Die Bilder, fotografiert in Südfrankreich, Hessen und Oberösterreich, bestechen nicht nur durch Wiedergabe der Eleganz und Feinheit dieser Pferde, sondern auch durch die Erfassung ihrer sensiblen Wesensart.

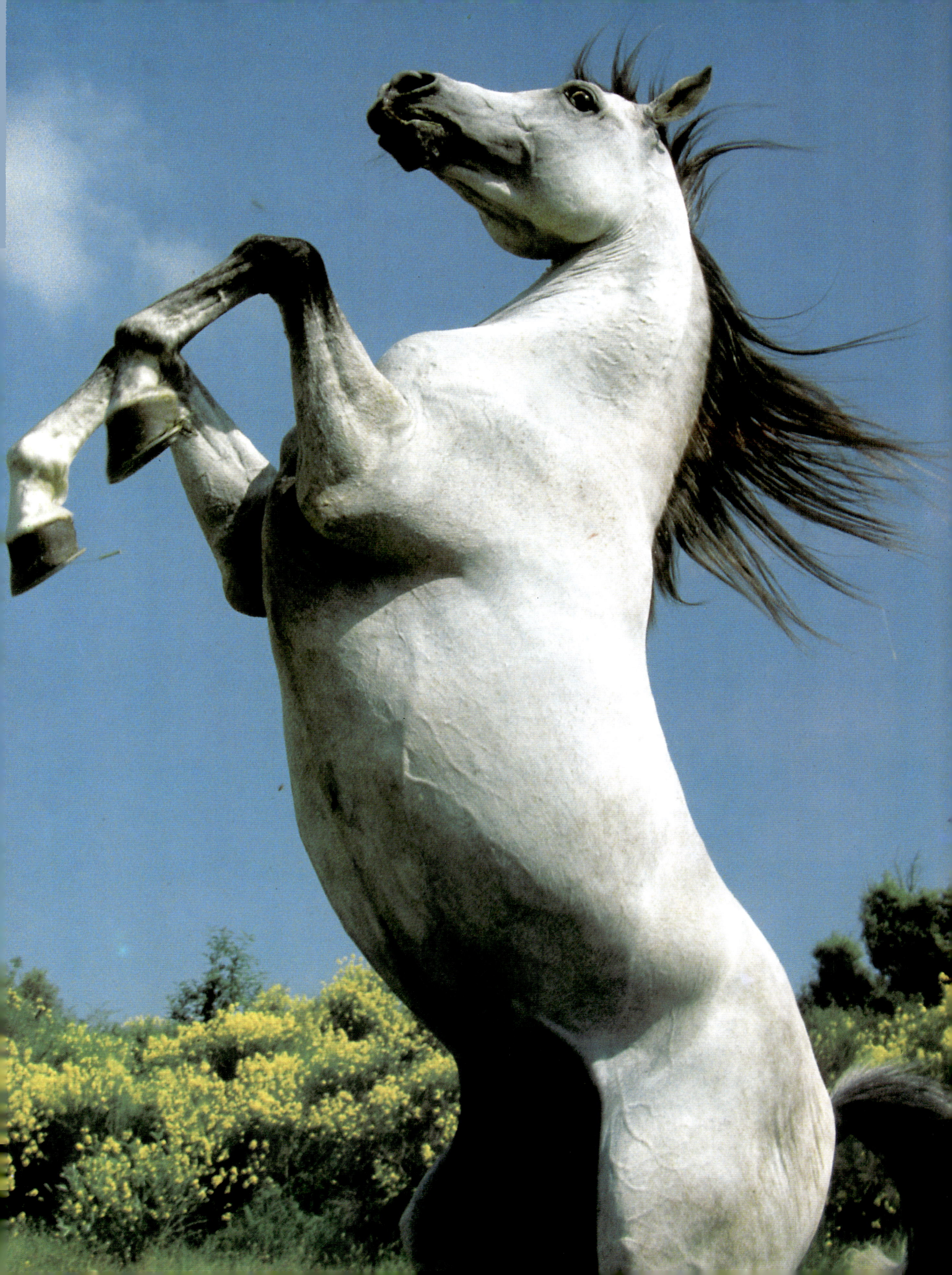

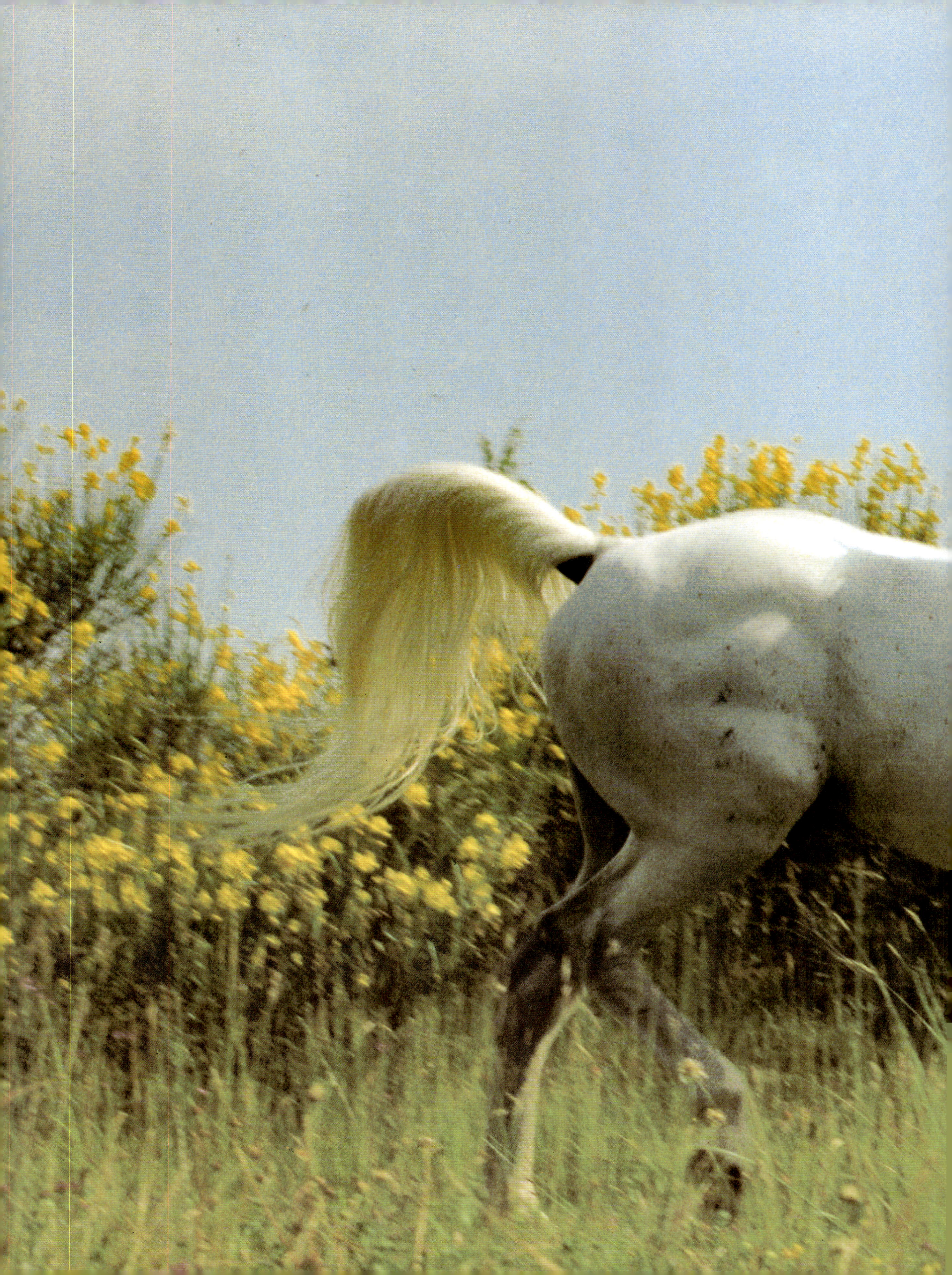

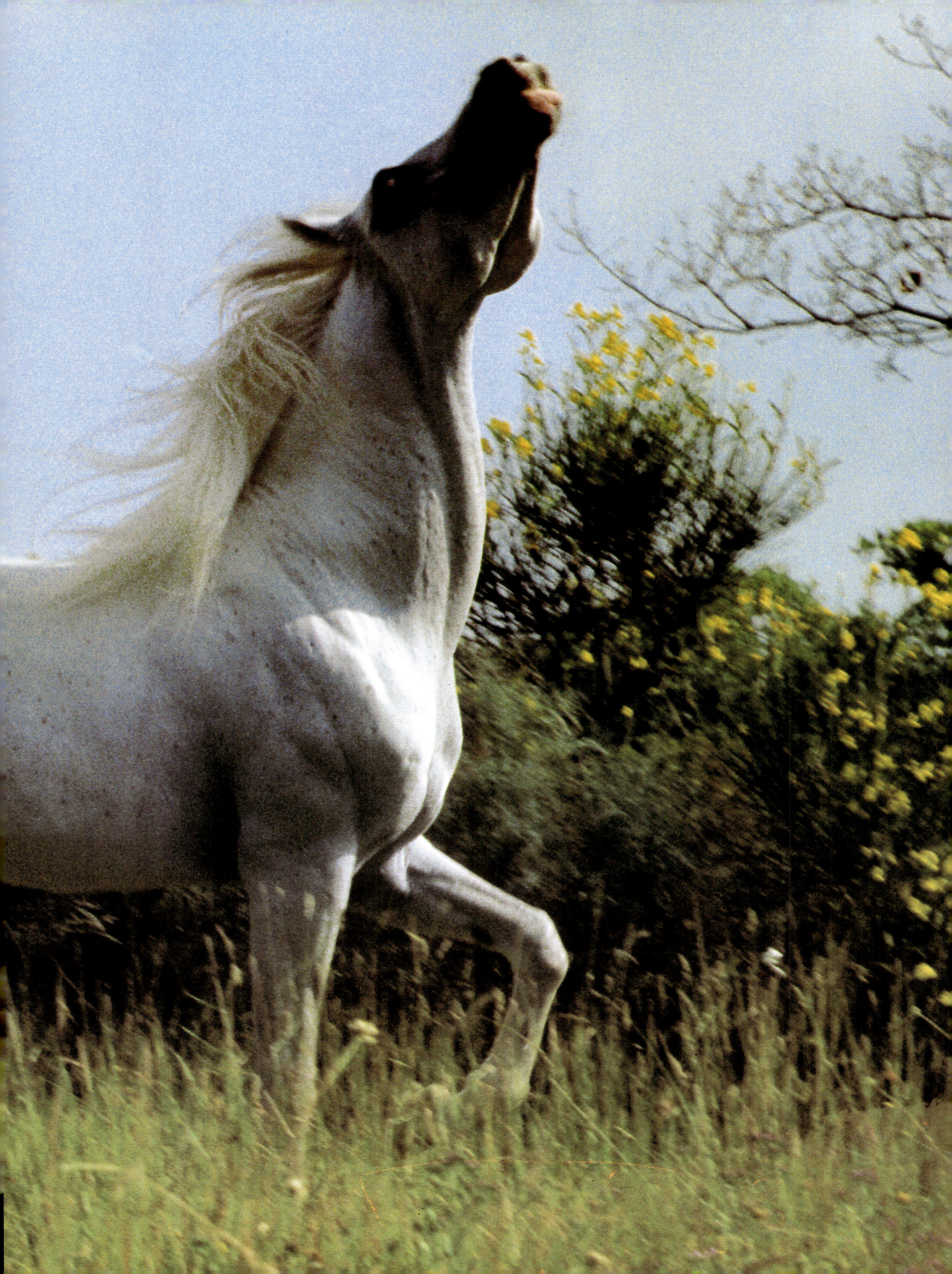

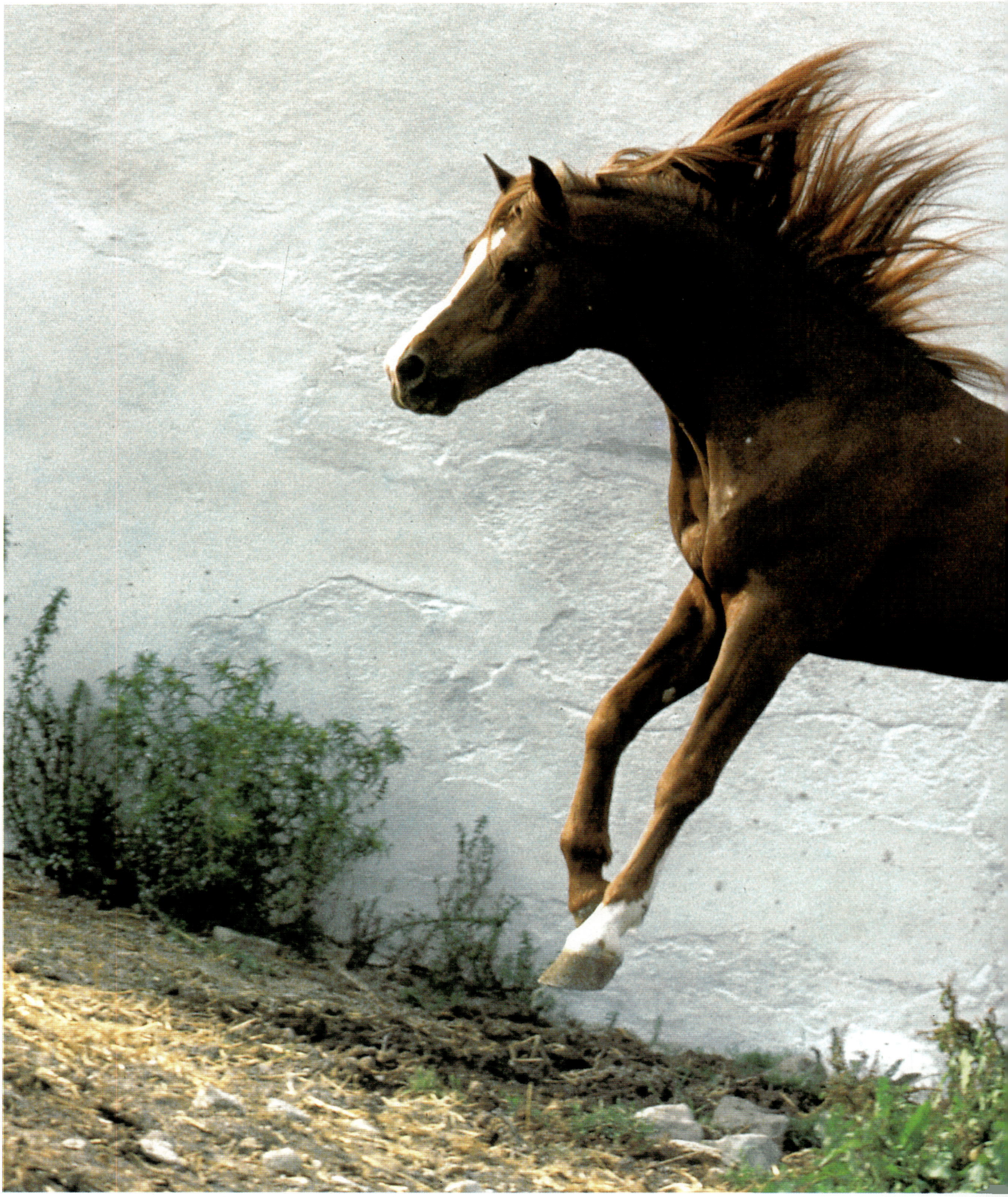

Geballte Eleganz des Araber-Hengstes mit fliegender Mähne und Schweif – kein Huf berührt den Boden

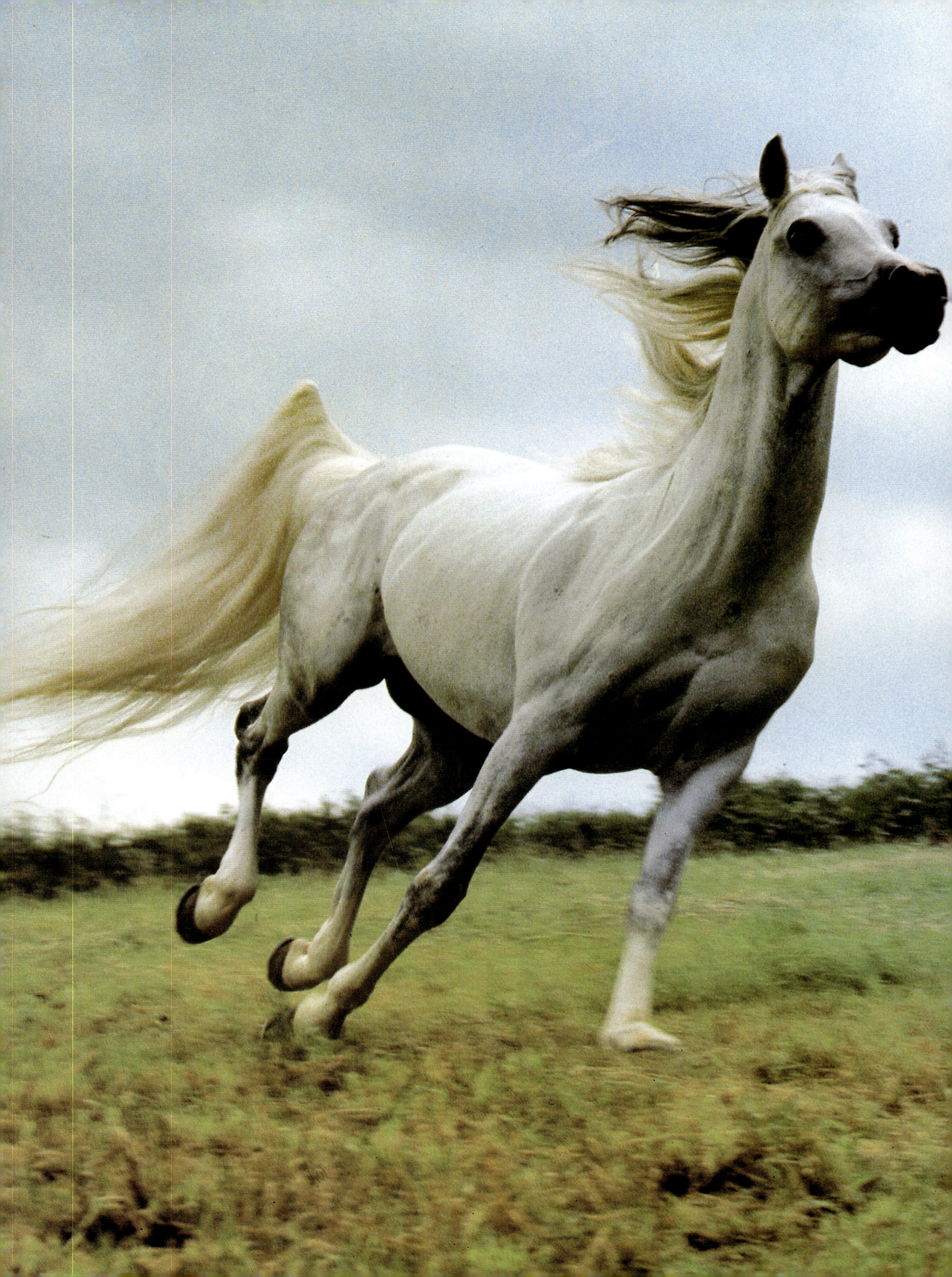

Anmut, Grazie und Adel vereinen sich in den Bewegungen des Vollblut-Araberhengstes.

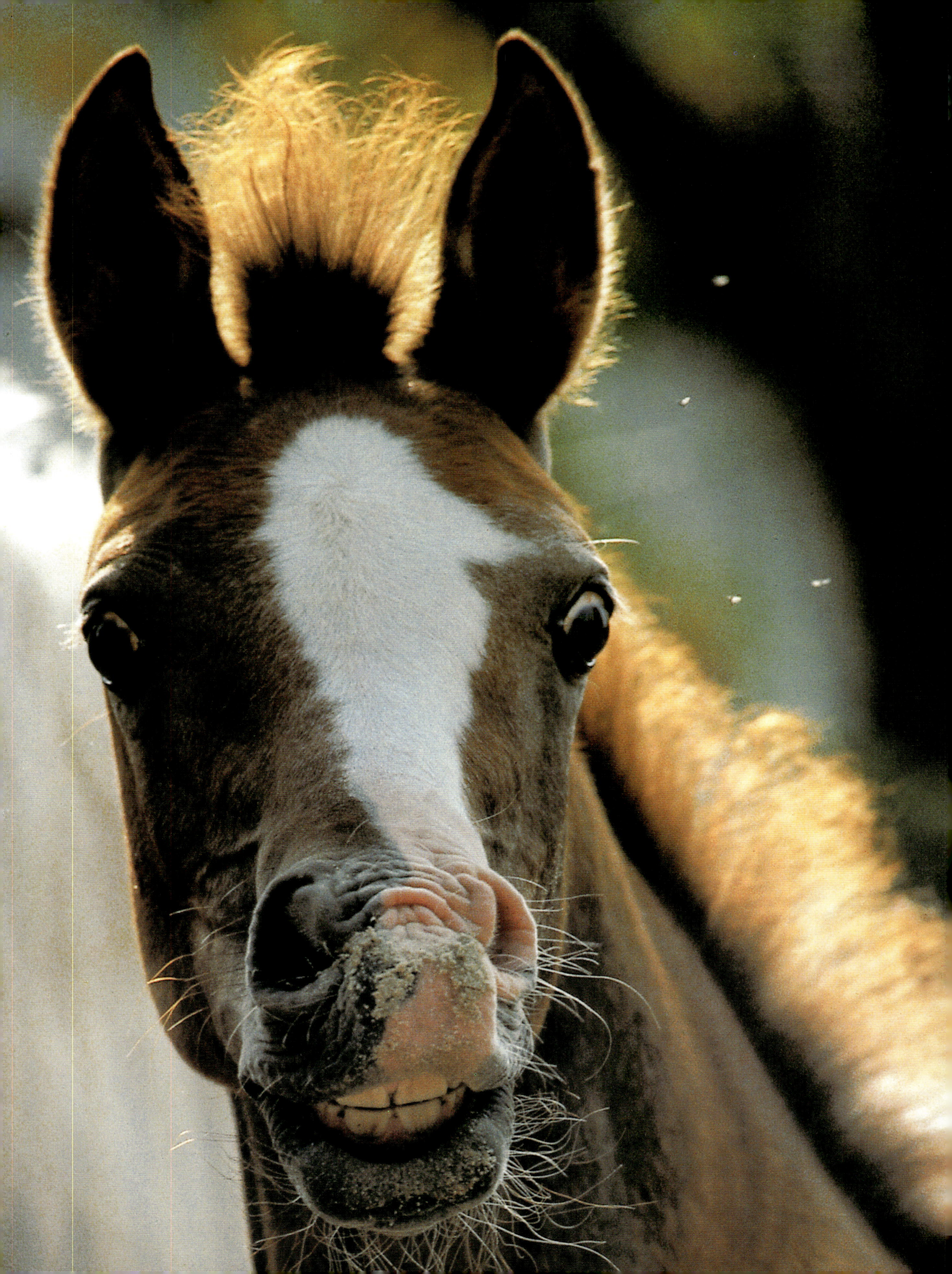

Links: Das Fohlen runzelt sein Mäulchen und zeigt Ansatz zum Flehmen.
Oben: Die Araber-Stute trabt leichtfüßig über eine Löwenzahnwiese, das Fohlen galoppiert flink neben seiner Mutter her.

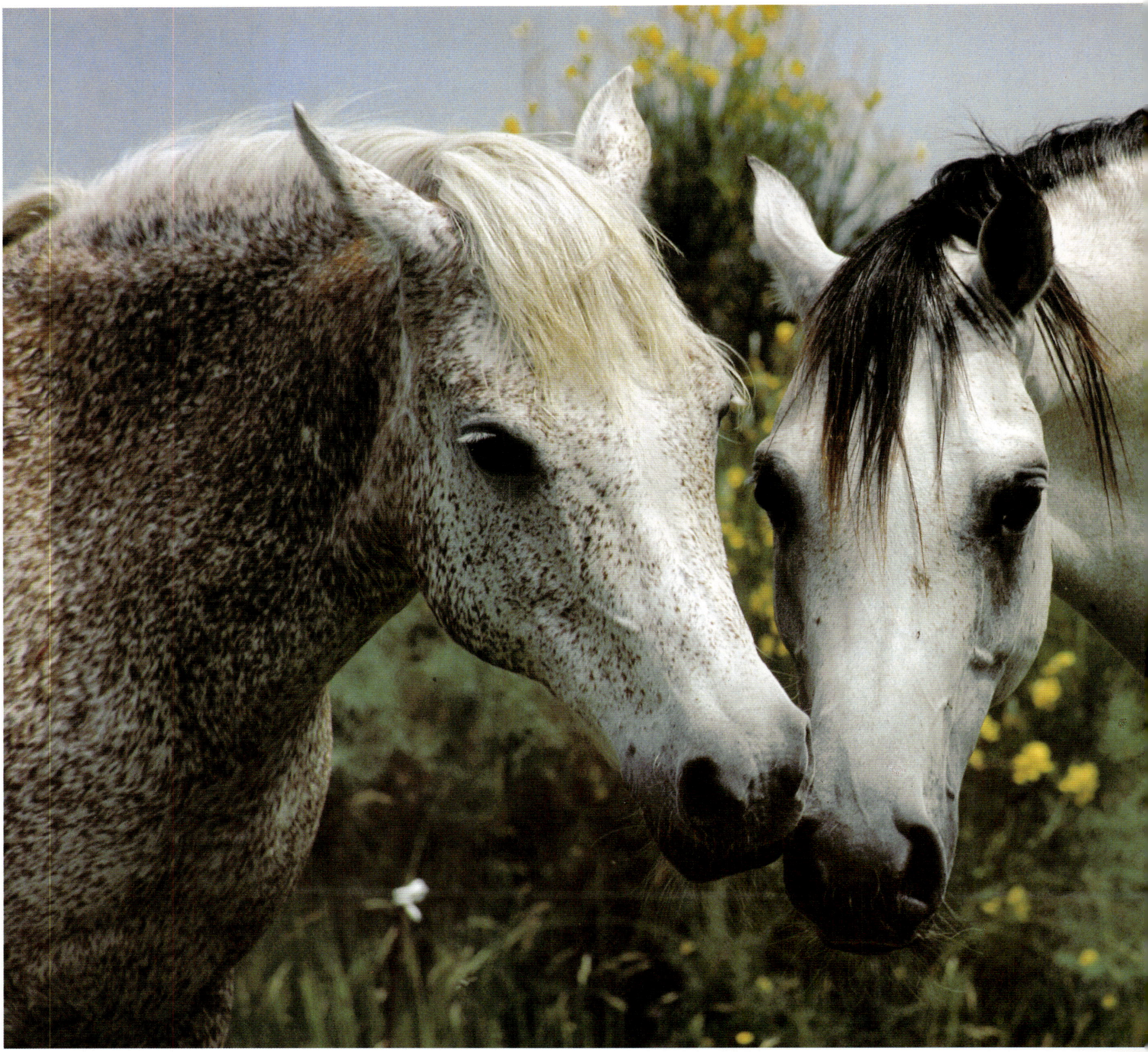

*Hengst und Stute
beim zärtlichen
Paarungsvorspiel*

Friesen: Schwarze Wolken- und Sturmrösser

Die leichte Kaltblutrasse der Westfriesen entstammt dem Nordosten der Niederlande. Es treten ausschließlich temperamentvolle Rappen ohne Abzeichen auf, ihr wohl auffälligstes Merkmal ist der starke Kötenbehang.
Bei aller Kraft und Ausdauer ist die Sanftmut dieser „schwarzen Perlen", wie sie oft genannt werden, beeindruckend.
Die Viehzüchter des westgermanischen Stammes der Frisii sollen schon im Jahre 12 v. Chr. kleinere bis mittelgroße schwarze Pferde mit hoher Knieaktion für ihre Gespanne gezüchtet haben. Im Mittelalter schätzte man diese Tiere als Kriegspferde außerordentlich. Durch die Pferde der Franken, die das friesische Volk christianisierten, kreuzte man fremdes Blut ein. Andalusische Pferde und orientalische Hengste veränderten das Bild der Pferde und schufen einen leichteren, wendigeren Typ. Diese Pferde wurden zu Prunk- und Paradepferden europäischer Fürstenhäuser. Noch heute bestechen das erhabene Trabvermögen und die Geschwindigkeit der imponierenden Rappen.

Die Bilder, die in Nordrhein-Westfalen fotografiert wurden, erinnern an Wolken- und Sturmrosse aus alten Zeiten, als Götter und Geister noch auf mächtigen Pferden durchs Universum brausten. Von den glänzenden Rücken solcher Rösser aus regierten sie die Welt. Oder man stellt sich die Friesen vielleicht als gepanzerte Reitpferde der Ritter in einer großen Schlacht vor, die in rasendem Galopp zur gegnerischen Front stürmen. Die Bilder bezaubern durch ihre außergewöhnliche Dynamik, die überwältigende, kraftsprühende Schönheit der Hengste und die Energie in ihren Bewegungen.

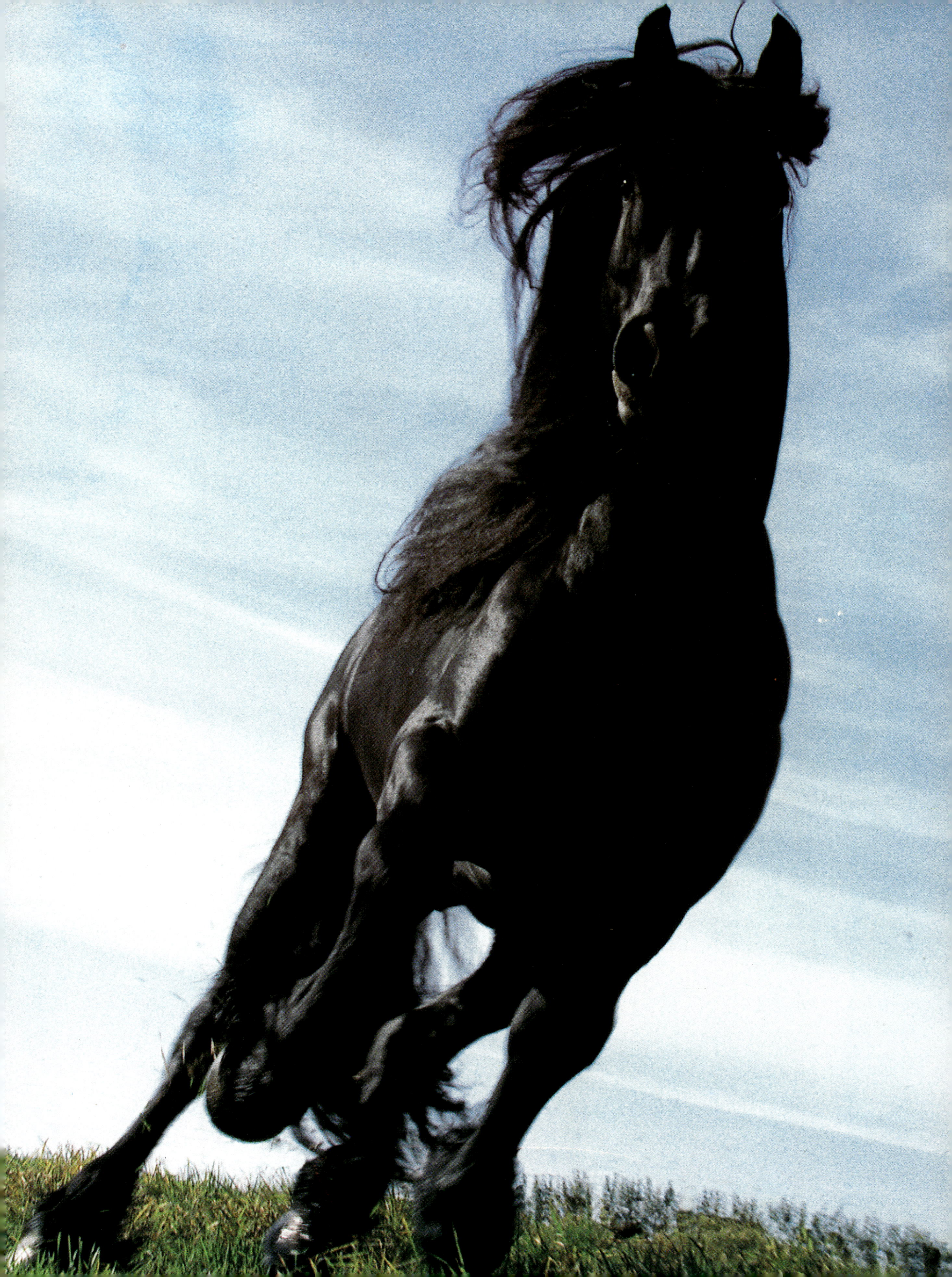

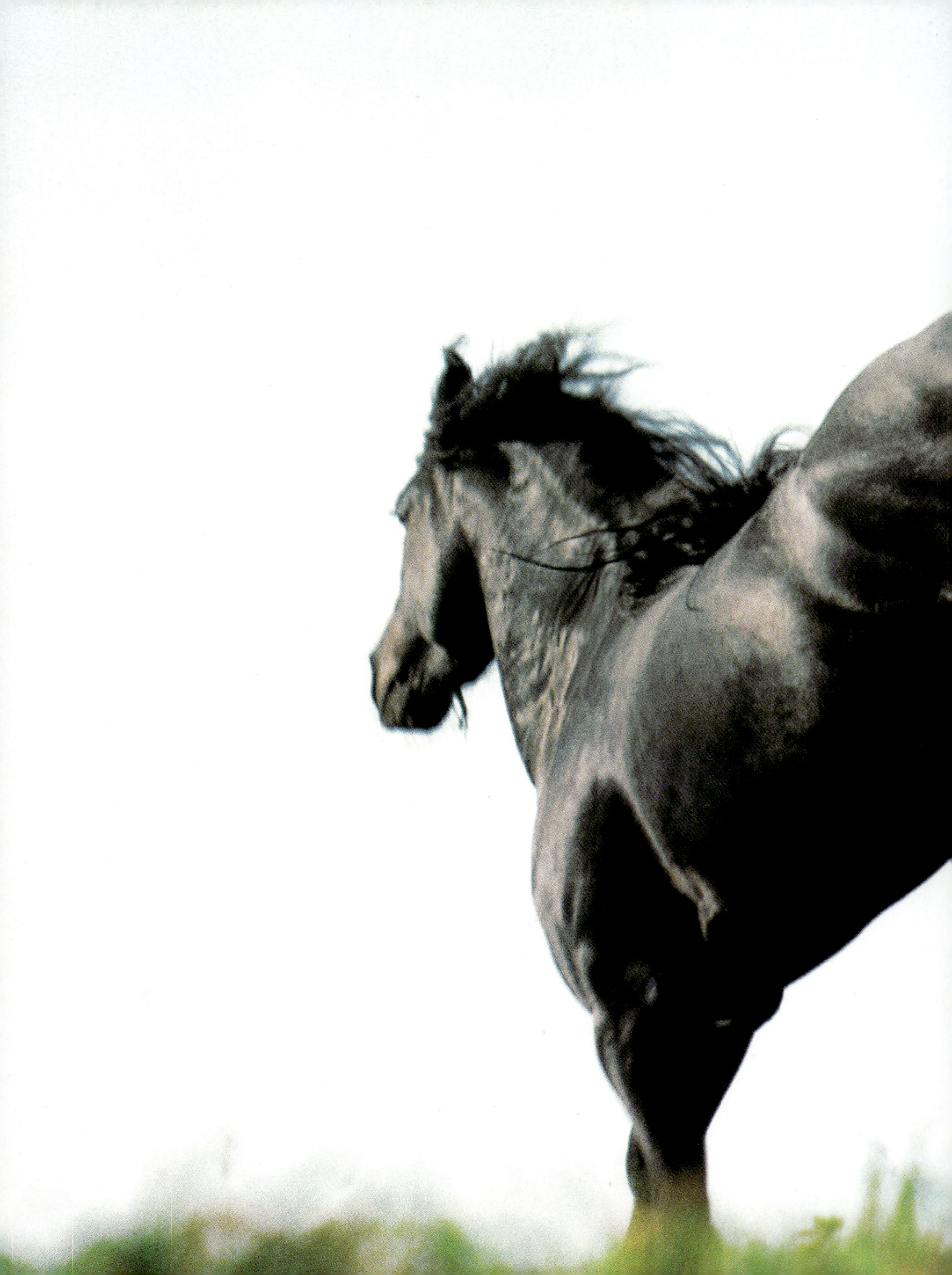

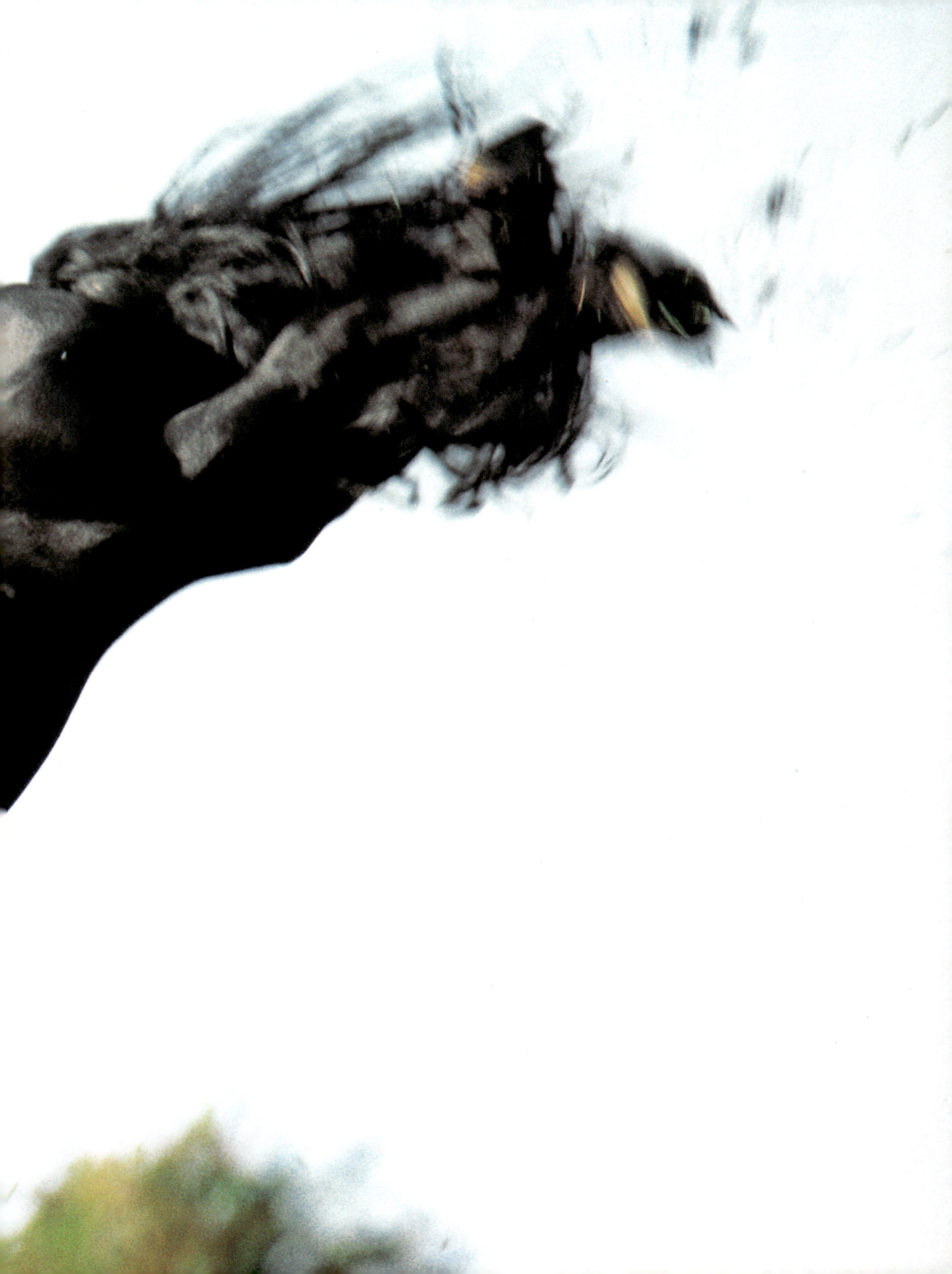

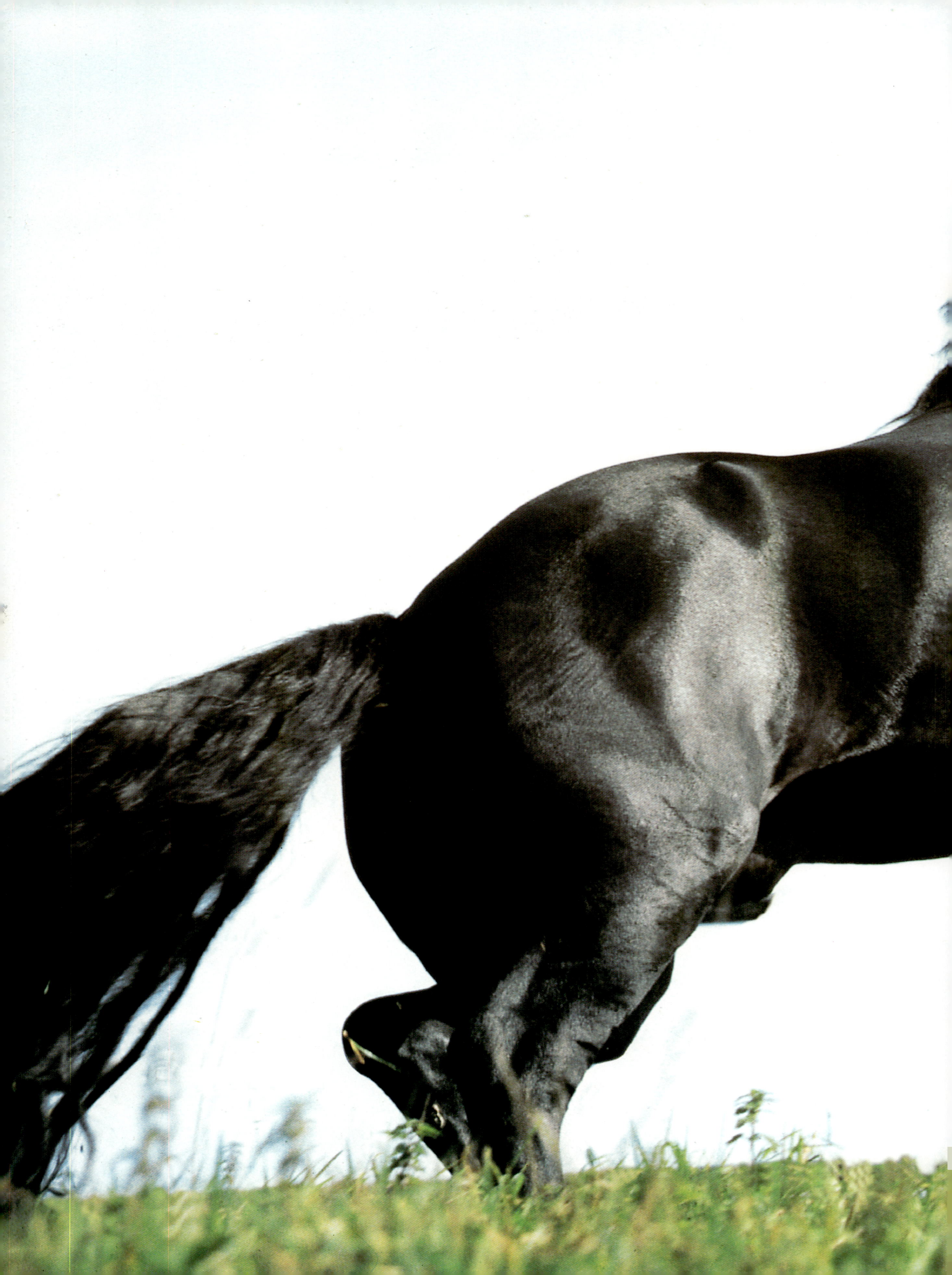

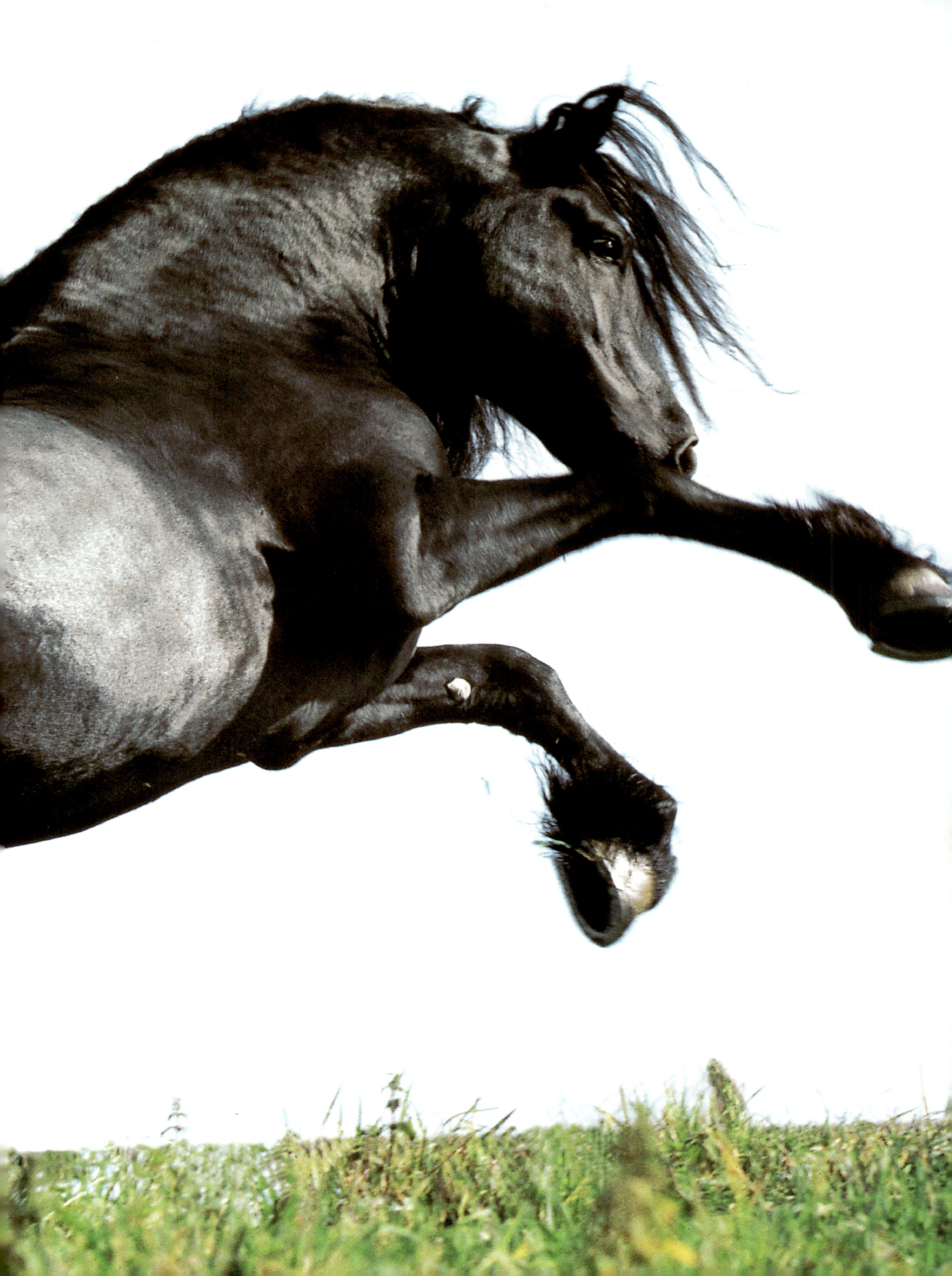

*Die temperamentvollen
Bewegungen der Rapphengste
bestechen durch ihre kraftvolle
Dynamik*

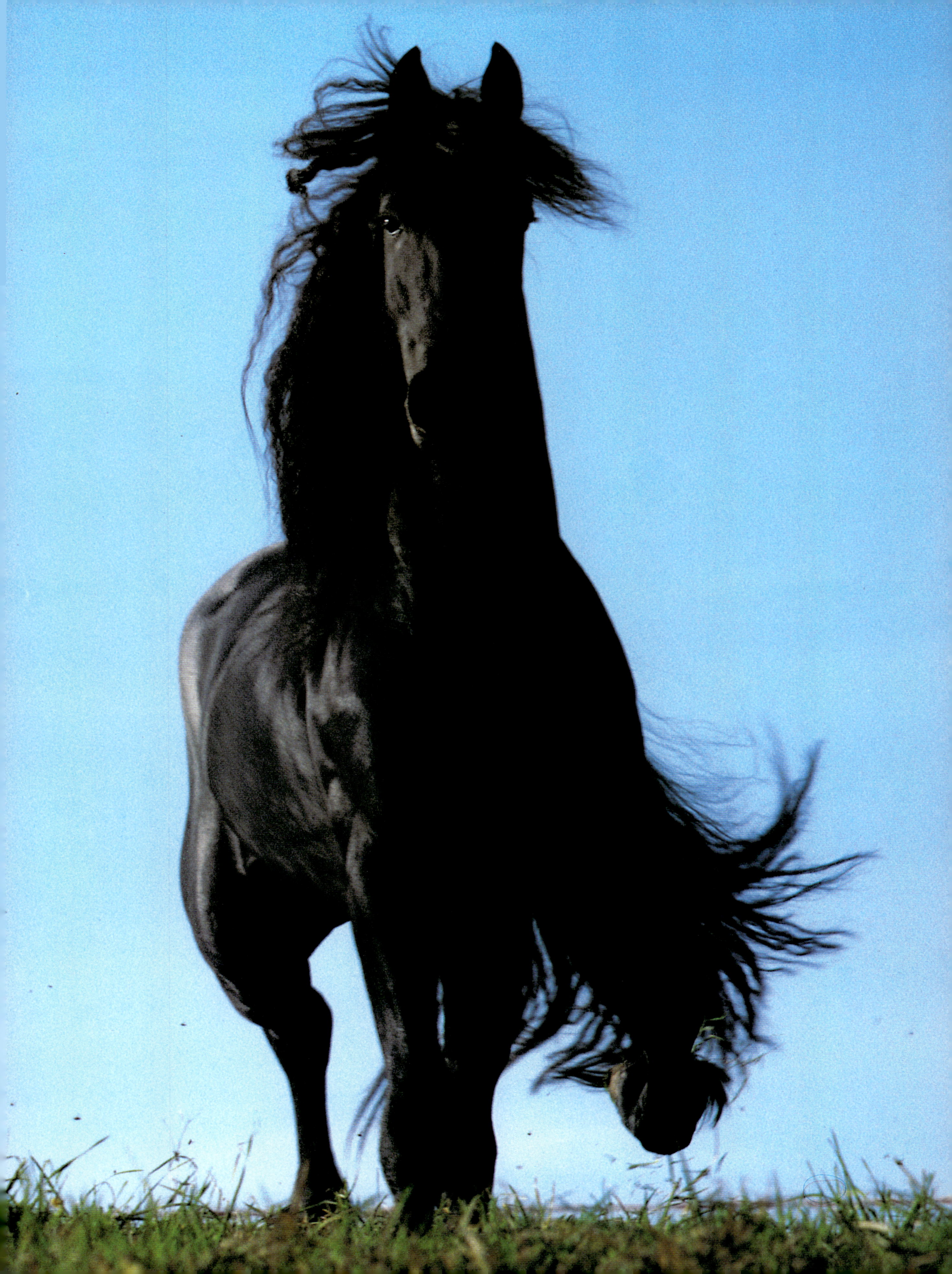

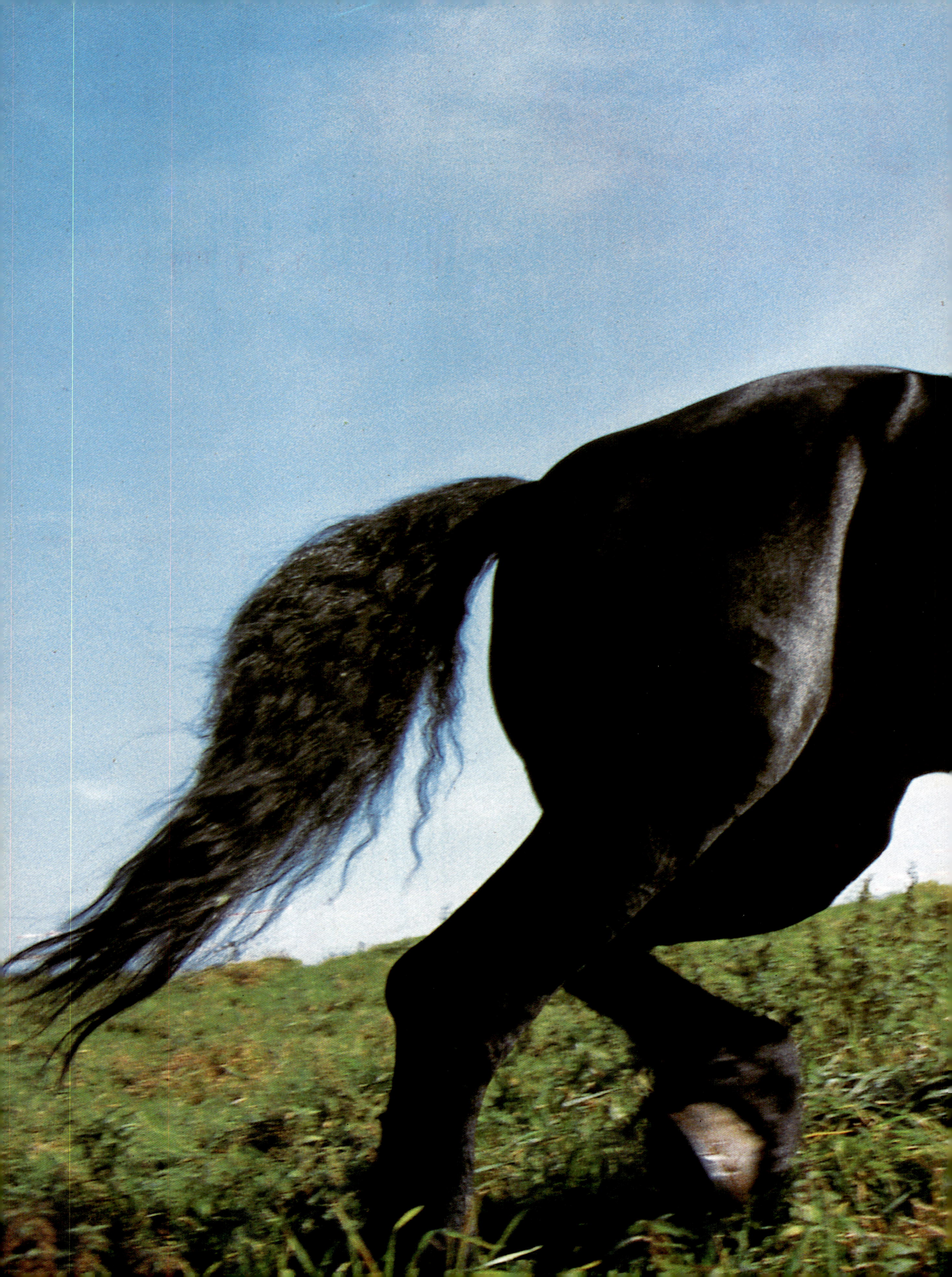

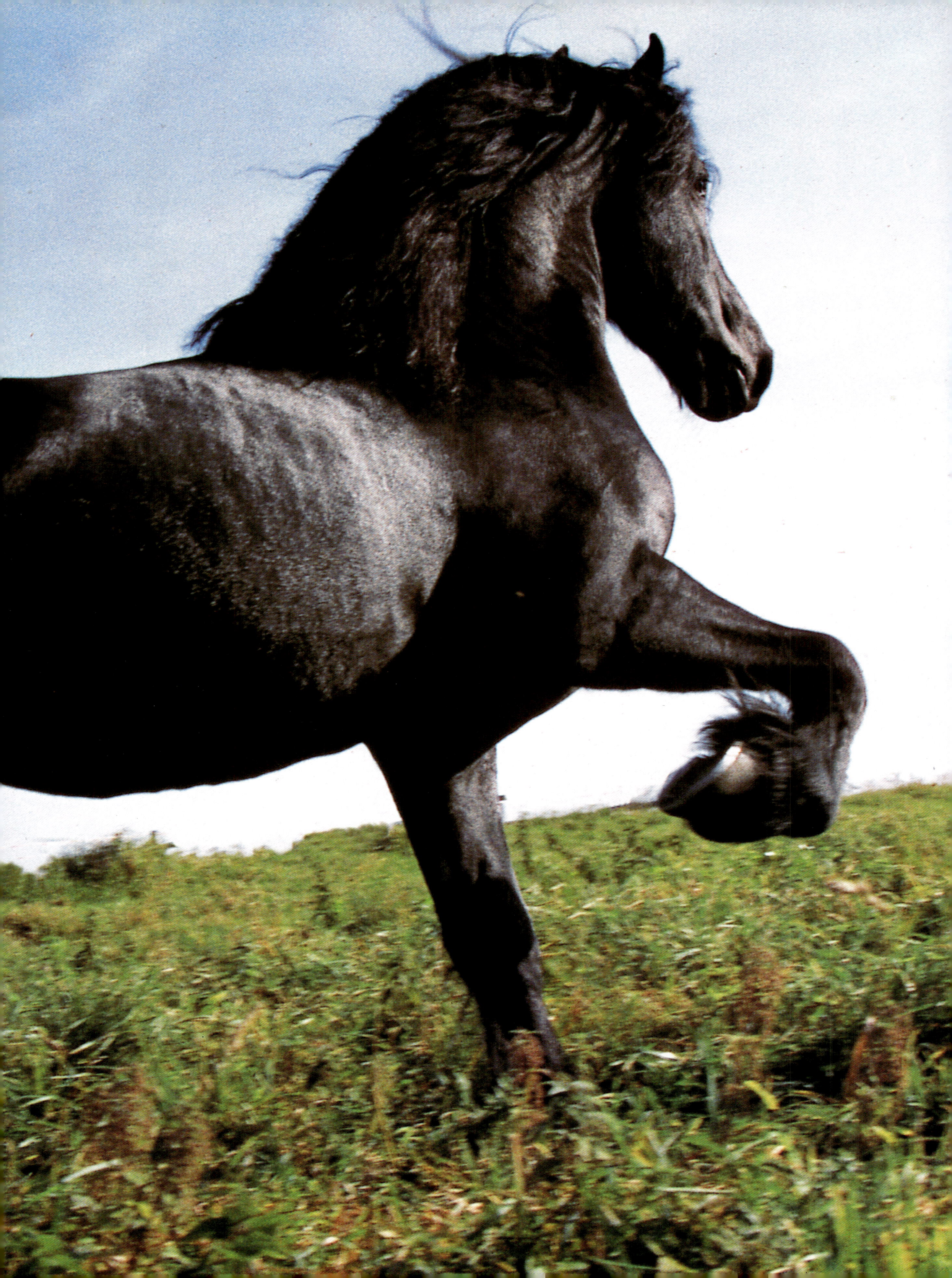

„Ihre langen
Mähnen fielen wie
Perücken über ihre
haushohen Rücken.
Sie hatten mächtige,
gleichfalls mit
Fellbüscheln
bedeckte Hufe, die
beim Galopp wie
Federsträuße
schwankten."

Pablo Neruda

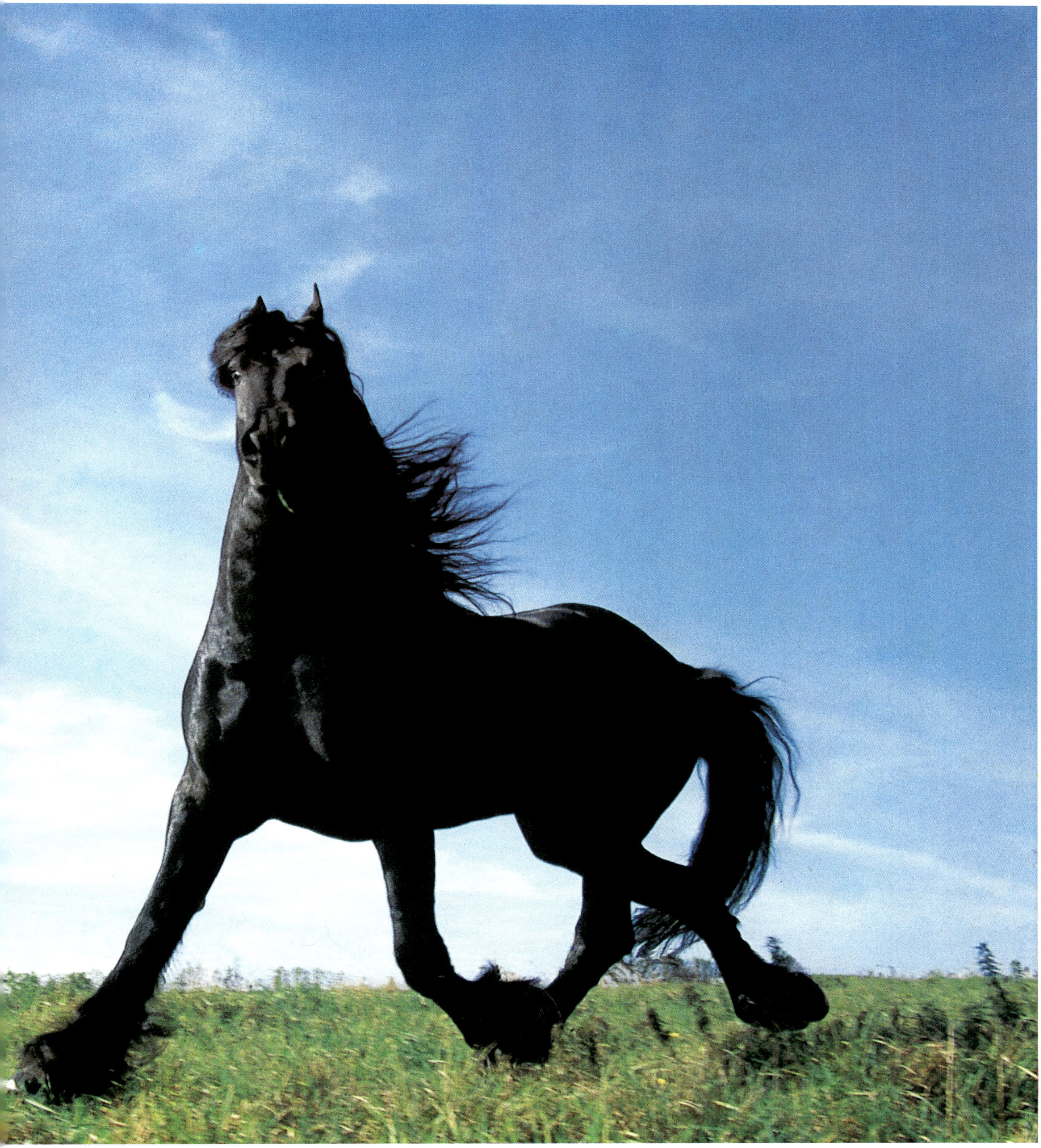

Charmante Welsh-Cob-Pferde

Die Ahnenforscher sind sich nicht ganz einig bezüglich der Abstammung und Herkunft dieser Pferde: Die Frage ist, ob der Welsh Cob nun aus einheimischen Welsh-Pony-Stuten und Yorkshire Coach Horses, Arabern, Vollblütern und Hackneys oder aus dem Welsh Mountain Pony und dem walisischen Kutschtraber, dem Cart Horse, entstanden ist.

Auf jeden Fall hat sich die Rasse der Welsh-Cob-Pferde rein äußerlich seit ca. 1800 kaum verändert. Aus dieser Zeit stammen nämlich charakteristische Gemälde, die sein kräftiges Fundament, einen geschwungenen Rücken und einen edlen Kopf darstellen. Diese Merkmale treffen auch für die heutigen Vertreter der Welsh-Cob-Pferde noch zu.

Meist handelt es sich hierbei um starkknochige Geländereitpferde, um gutmütige Reitponys – auch für Erwachsene – mit beträchtlichem Springvermögen, die aus Verkreuzungen mit Halbblut-Großpferden entstanden sind.

Adel und Anspruchslosigkeit, lebhafte Gutwilligkeit und sprichwörtlicher Mut zeichnen diese Pferde aus, deren besonderer Vorteil darin besteht, vielseitigst einsetzbar zu sein – ob als Familienpony oder im Hochleistungssport – und dies alles ist bei Robusthaltung möglich.

Die Bilder dieser lebhaften, starkknochigen Rasse mit üppigem Langhaar wurden in Österreich aufgenommen. Ob es sich um Porträtstudien eines Rapphengstes, Bewegungsaufnahmen oder Fotos einer Stute mit Fohlen handelt, überall tritt die lebhafte Wesensart dieser charmanten Pferde zutage.

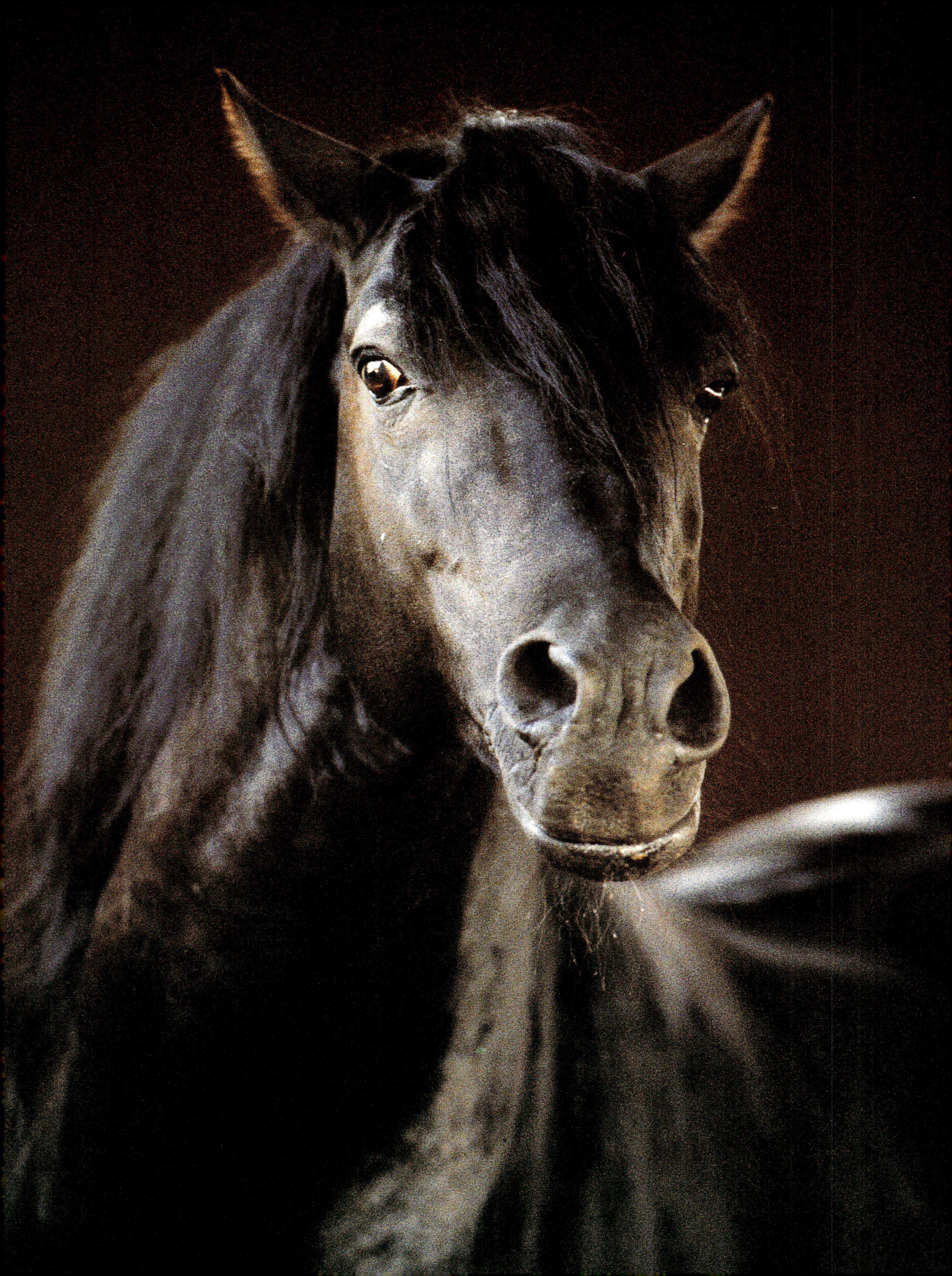

*Der Welsh-Cob-Hengst
„Fellow" trabt frisch
über eine Frühlingswiese*

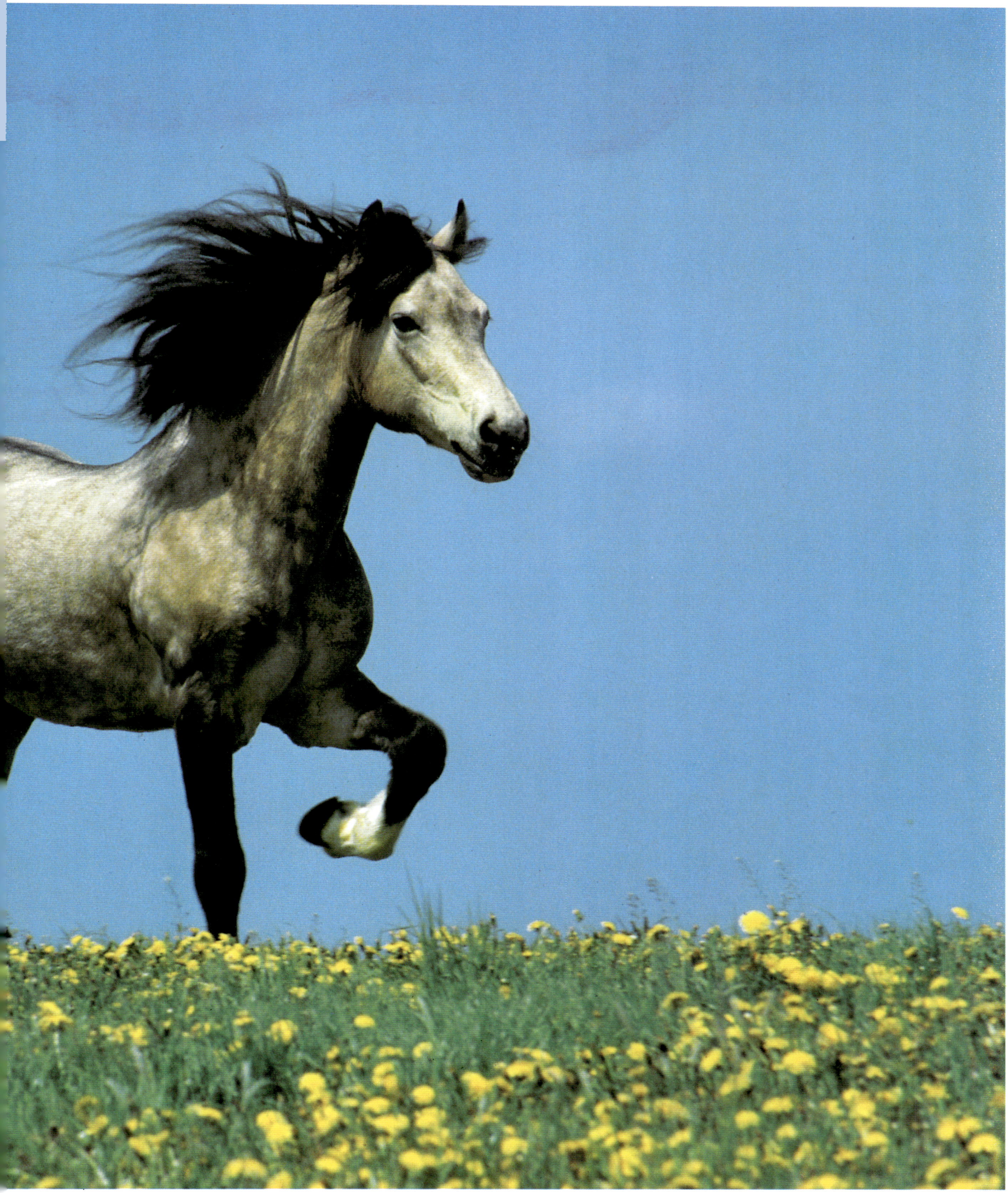

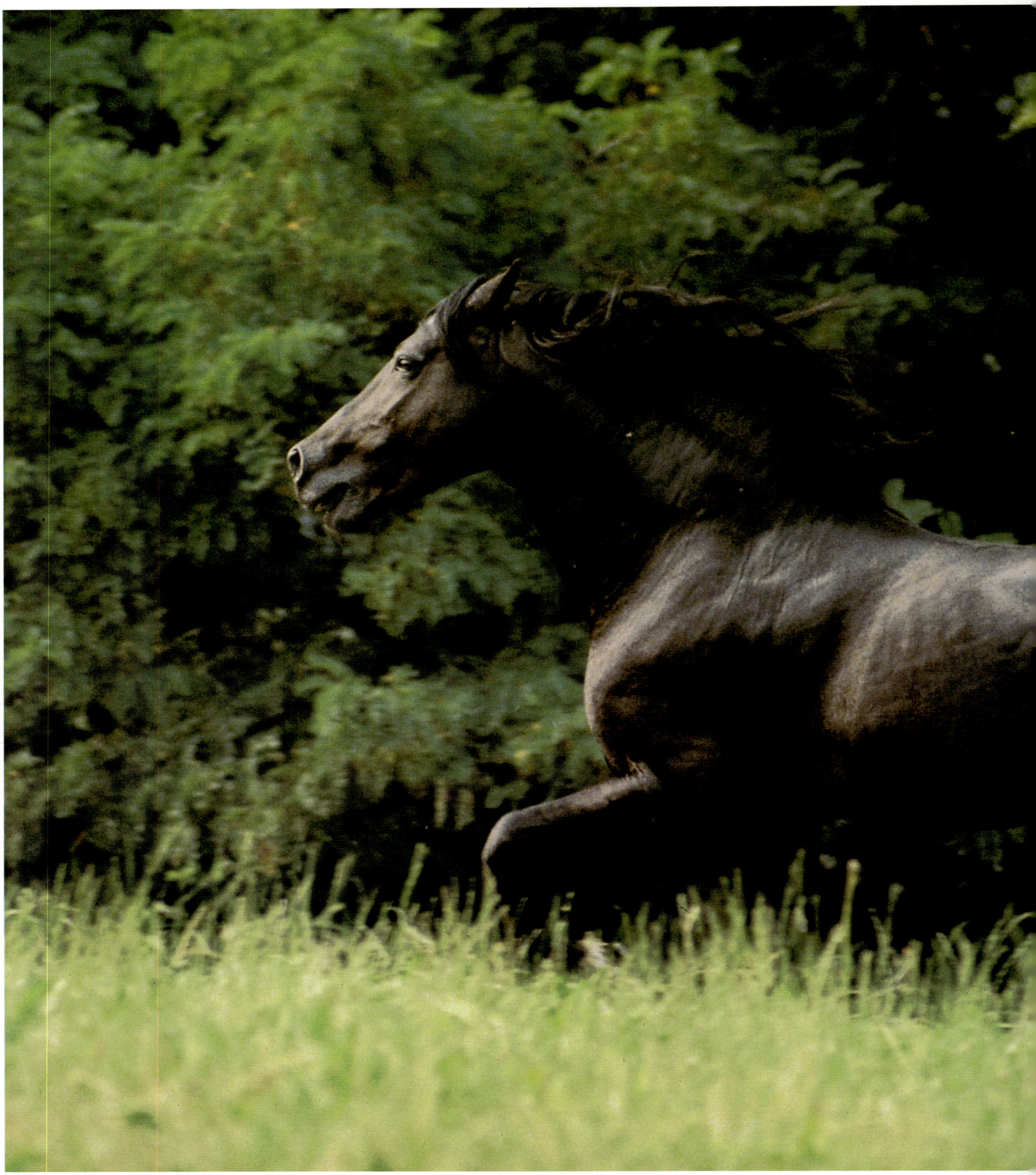

*Voller Kraft und
Mut in die Weite!
Bewegung ist das
Element der Pferde*

*Folgende Seiten:
Porträts der Hengste
„Klon" (links) und
„Fellow" (rechts) in
vollem Galopp*

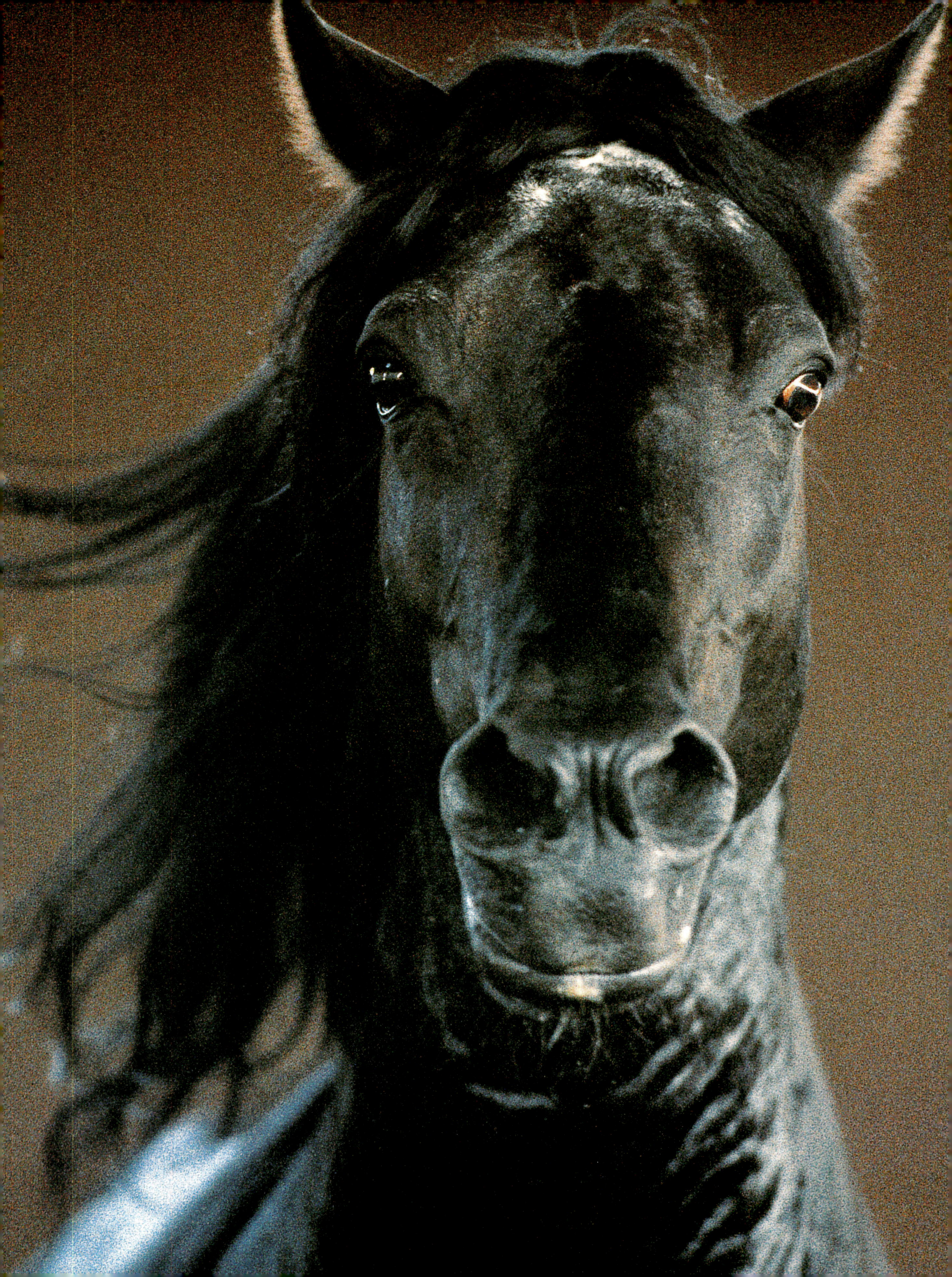

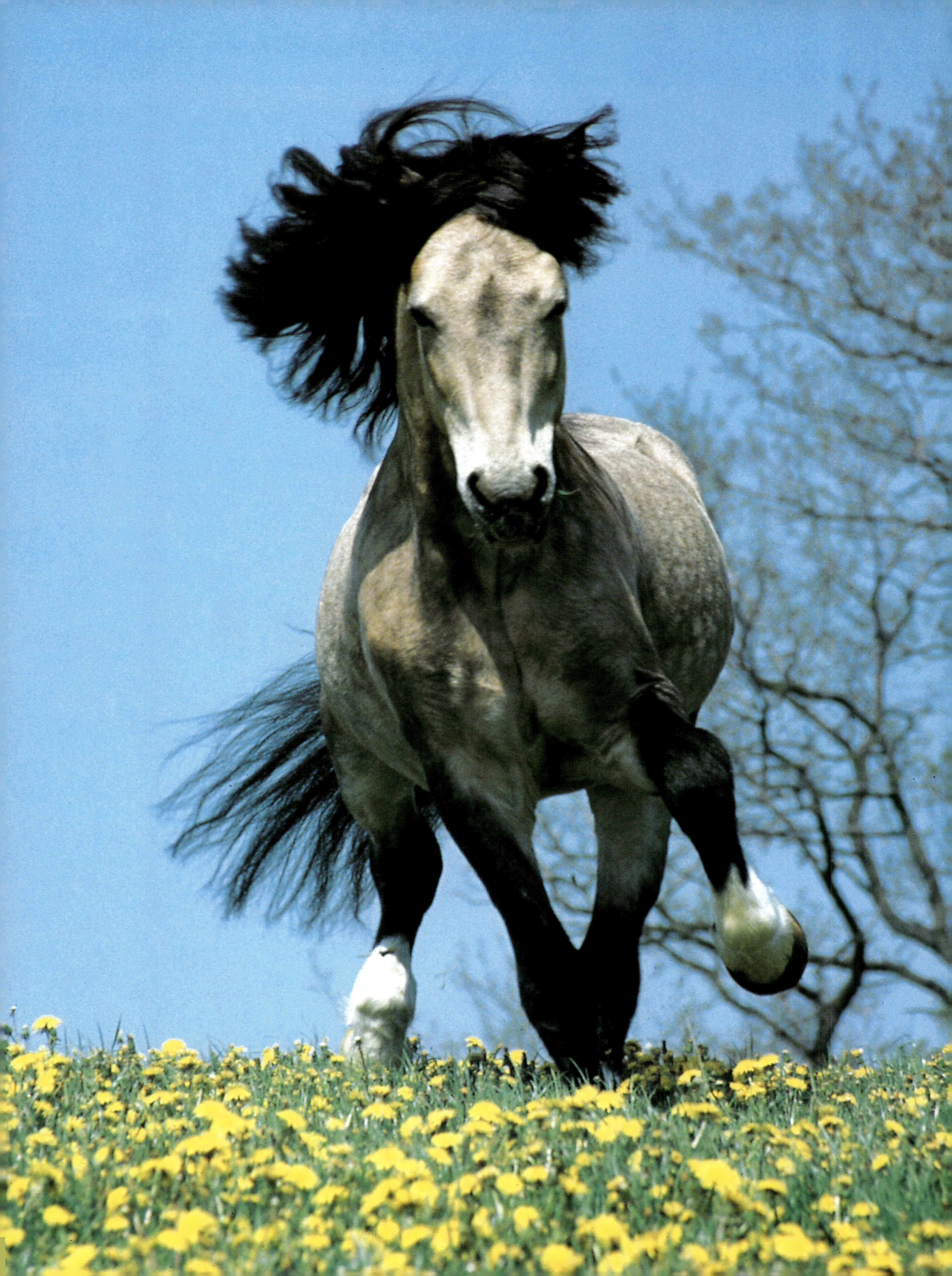

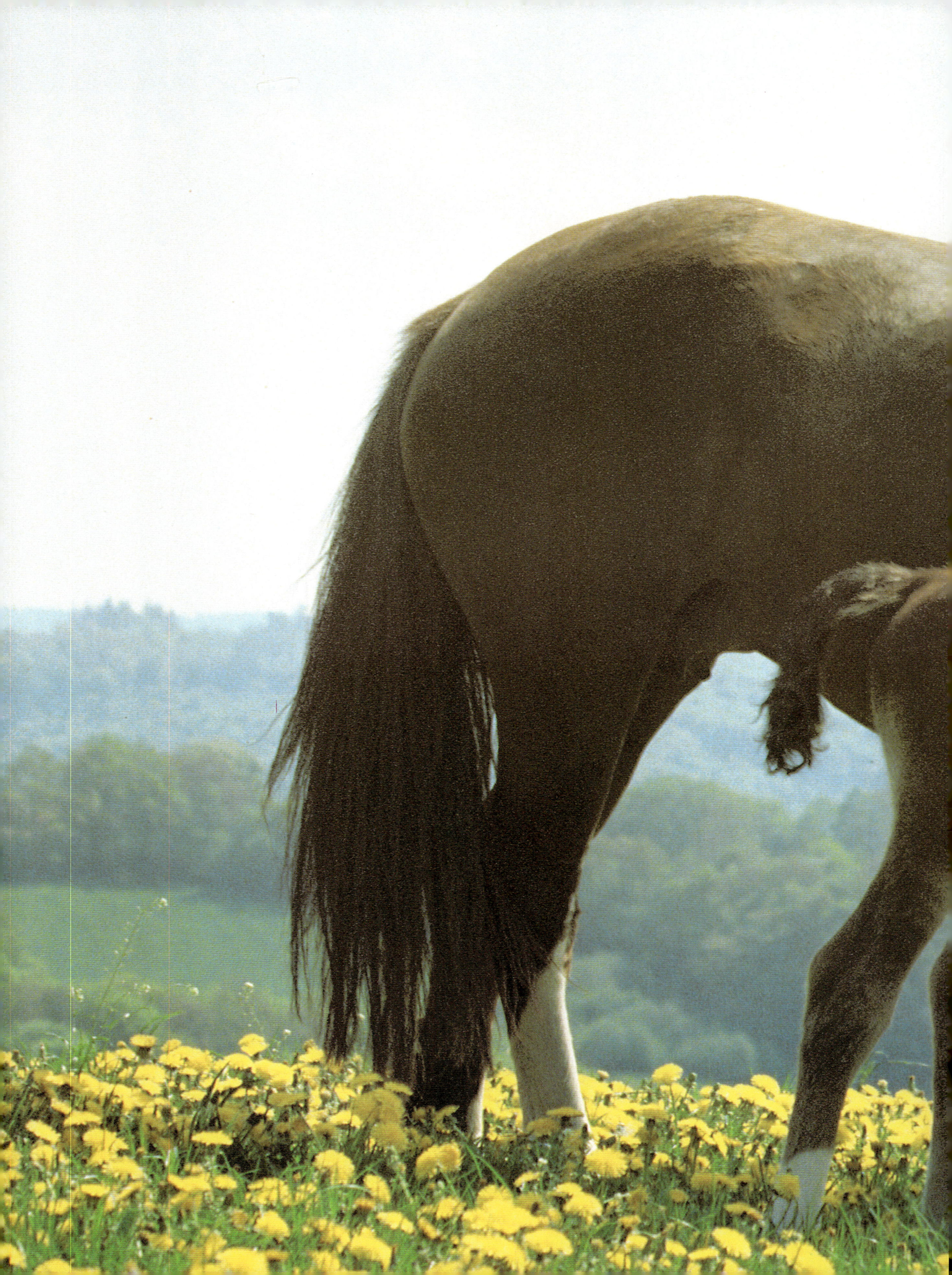

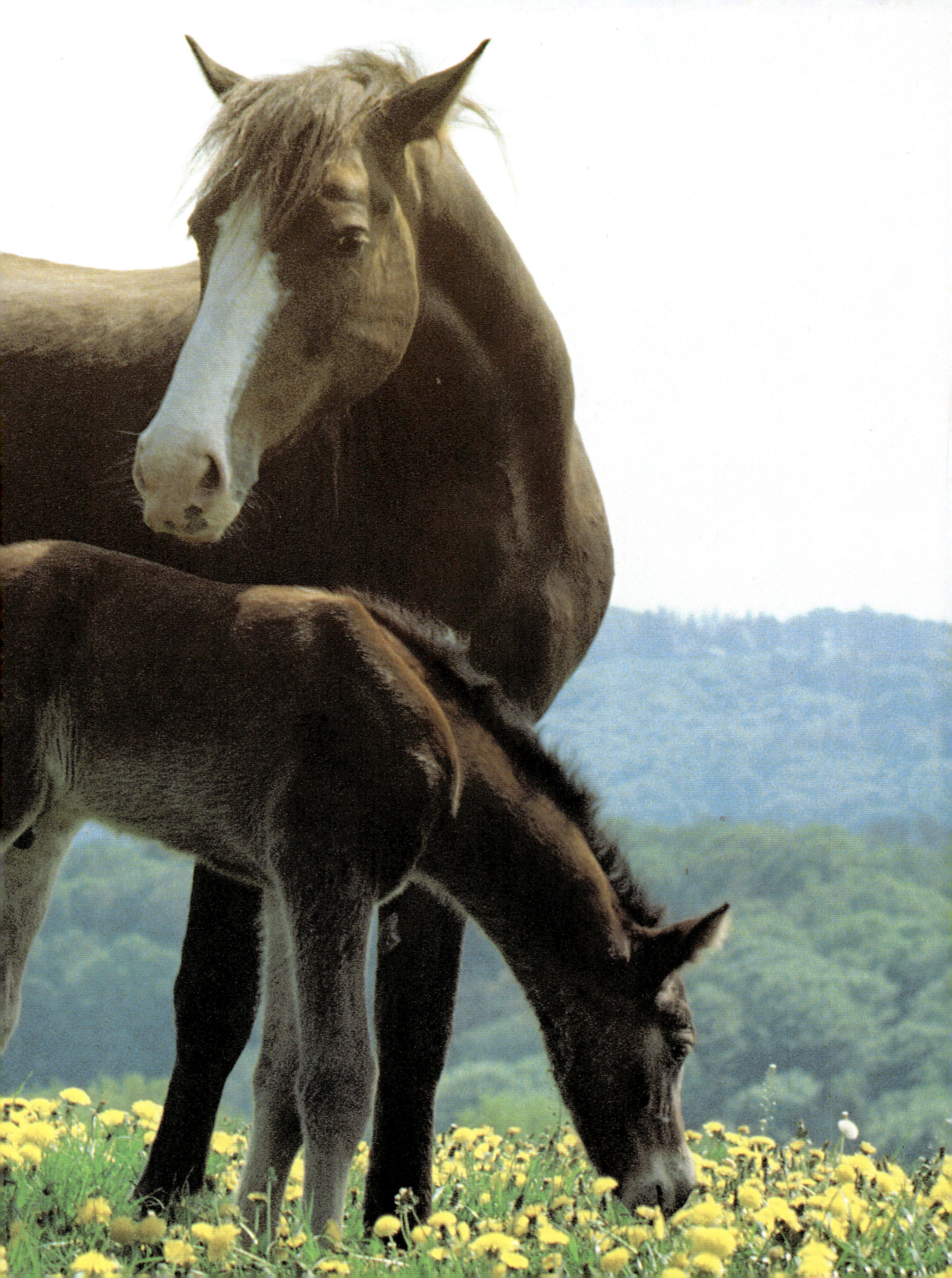

Bildschön und klug: Lipizzaner

Zahlreiche Geschichten kreisen um die Lippizaner, eine äußerst alte, charakteristische Pferderasse. Aus ihr gingen klassische, edle Reitpferde hervor, die sich besonders durch Gelehrigkeit und Dressurfähigkeit für höchste reiterliche Ansprüche auszeichnen.

Die mittelgroßen, kompakten Pferde faszinieren durch die Finesse ihrer Gangbewegungen. Ihre Körper sind muskulös, aber elegant. Erzherzog Karl von Österreich gründete 1580 die Zucht mit 33 Tieren, die er aus Spanien einführte. Später wurden einheimische, deutsche Pferde in den Bestand mit aufgenommen.

Die Rasse ist nach dem Gestüt in Lipica benannt, dort lebten die Pferde bis 1918, bevor sie nach Piber verlegt wurden. Zur Zucht läßt man auch heute noch nur diejenigen Pferde zu, die eine große Dressurbegabung aufweisen – das sind selten mehr als 150 Tiere. Obwohl man nur mit einer geringen Anzahl von Pferden züchtet, wird die Rasse durch gelegentliches Einkreuzen von fremdem Blut vor der Degeneration bewahrt. Dadurch konnte man den hohen Grad an Intelligenz und Beweglichkeit erhalten, für den diese Rasse berühmt ist. Auch heute noch werden die besten Hengste unter ihnen in der Spanischen Hofreitschule in Wien eingesetzt. Deren Reiter sind die anerkannten Meister der Hohen Schule der klassischen Dressur.

Die Anfänge der klassischen Reitkunst reichen bis in die Glanzzeit des Rittertums zurück. Aus der Kriegsreiterei entwickelten sich Lektionen, die noch heute das Programm der Dressurreiterei ausmachen. Mit ihren Lipizzaner-Hengsten bewahren die Reiter der Spanischen Hofreitschule ein Stück Kulturgut von unschätzbarem Wert.

Die Fotos, aufgenommen in Österreich und im Gestüt Lipica, ähneln kunstvollen Gemälden.

*Eine starke Persönlichkeit: der
Hengst „Pluto Verona"*

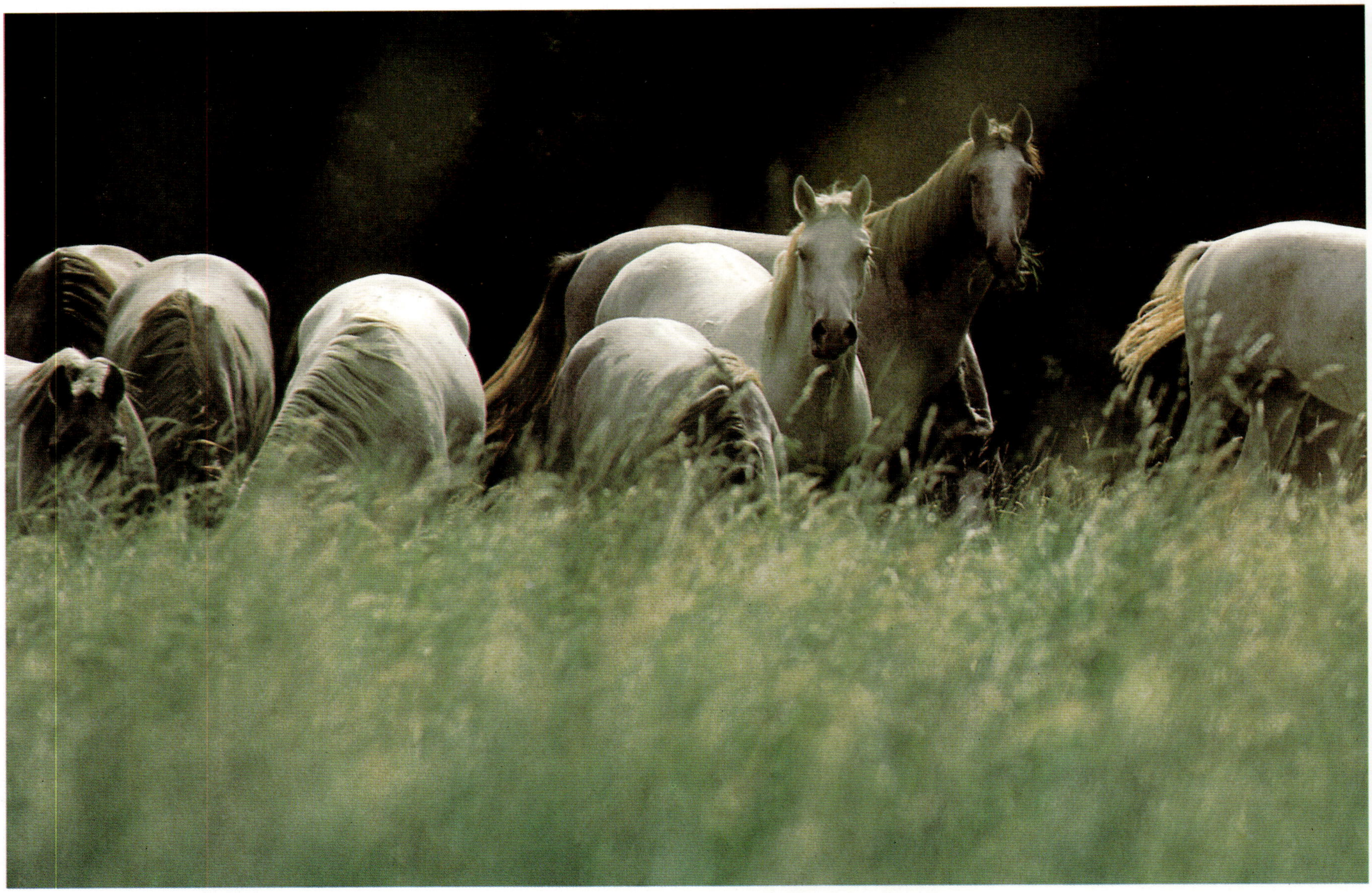

*Lipizzanerherde auf der Weide im
Gestüt Lipica: Junghengste (links)
und Stuten mit Fohlen (rechts)*

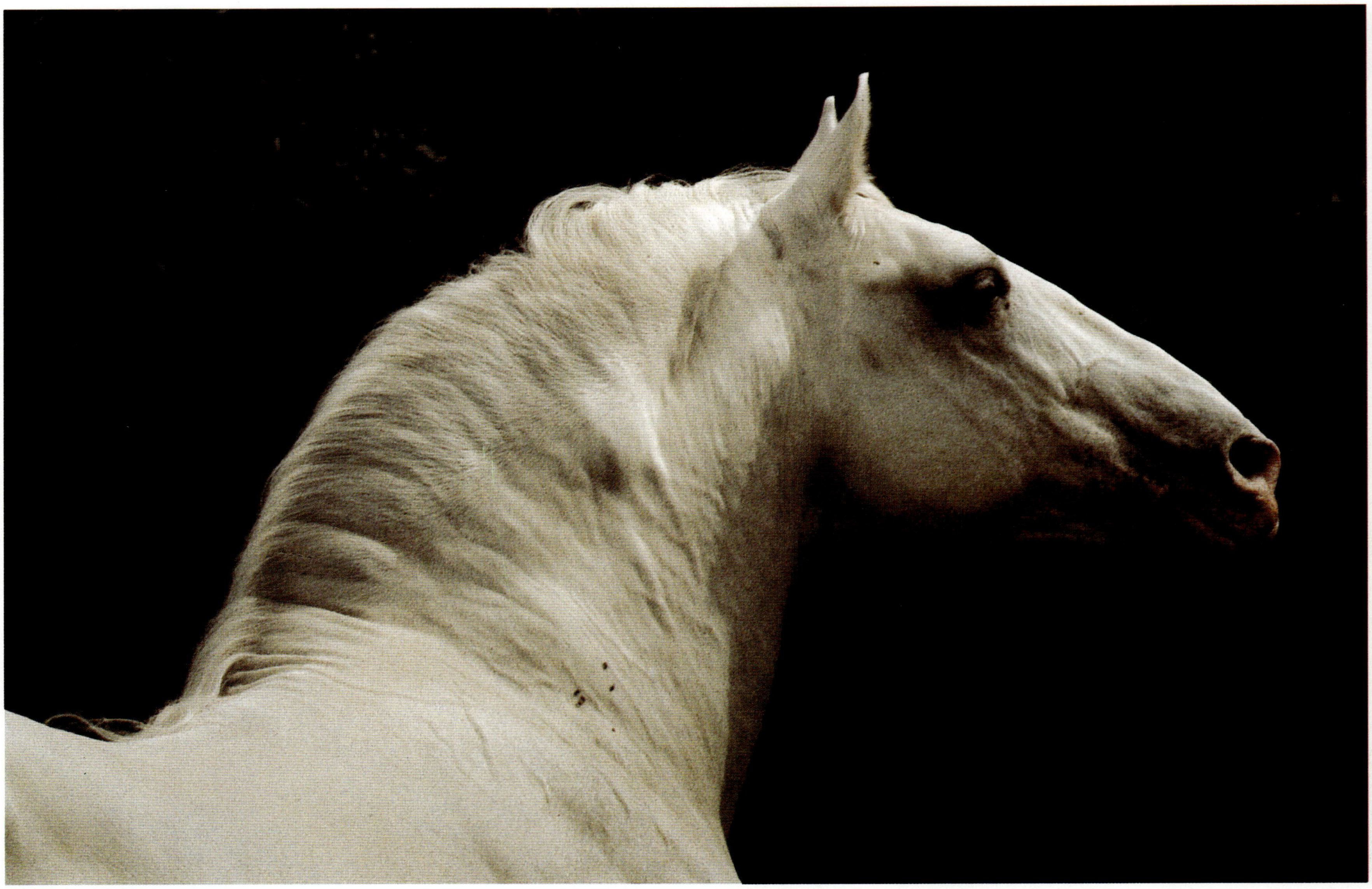

*Die beiden Lipizzaner-Hengste
verkörpern eine ideale Symbiose
von Kraft und Schönheit*

Kampfspiel der Norweger-Hengste

Diese Bilder-Serie zeigt Norweger-Hengste beim Kampfspiel. Sie wurden in Bayern aufgenommen. Bodenständig an der Südwestküste Norwegens, kennzeichnen die Fjordpferde besonders das hellfalb-farbene bis mausgraue Haarkleid mit Aalstrich und eine Mähne, die teils aus schwarzen, teils aus graubraunen Haaren besteht. Bei wild lebenden Ponys ist sie oft schütter, den gezähmten Arten werden die Mähnen gewöhnlich modisch gestutzt, so daß sie aufrecht stehen.
Pferde dieser Rasse dienten den Bauern Norwegens als Arbeitspferde, die beim Holzrücken und -ziehen eingesetzt wurden. Häufig spannte man sie auch vor den Karren und setzte sie zur Personenbeförderung ein. Noch heute müssen sich die Hengste in ihrem Ursprungsland Leistungsprüfungen unterziehen und schwere Wagen ziehen. Liebhaber und Freunde des Fjordpferdes geraten ins Schwärmen, wenn sie von seinen raumgreifenden Bewegungen erzählen: von einem fleißigen Schritt, von ausdauerndem Trab und kraftvollem Galopp.

Weiterhin bestechen die hübschen Ponys durch ihre Unkompliziertheit, ihre Lernwilligkeit und ihr waches, aufmerksames Temperament. Heute nutzt man den Norweger sowohl in seinem Ursprungsland, als auch bei uns, gerne als gutmütiges, ruhiges, trittsicheres Reitpony, als kraftvolles Tragtier, aber auch als attraktives Kutschpferd.
Die Bilder zeigen die kräftigen, kalibrigen Kleinpferde mit ihrem barocken Körperbau beim spielerischen Steigen, Beißen und Niederzwingen des Gegners mit den Vorderhufen. Die freundschaftlichen Raufereien unter den Junghengsten dienen der Erprobung ihrer Kräfte.

*Norweger-Hengste beschnuppern
sich vorsichtig*

Die Mähnen dieser wilden Gesellen bestehen teils aus schwarzen, teils aus graubraunen Haaren. Sie wurden modisch gestutzt, so daß sie aufrecht stehen

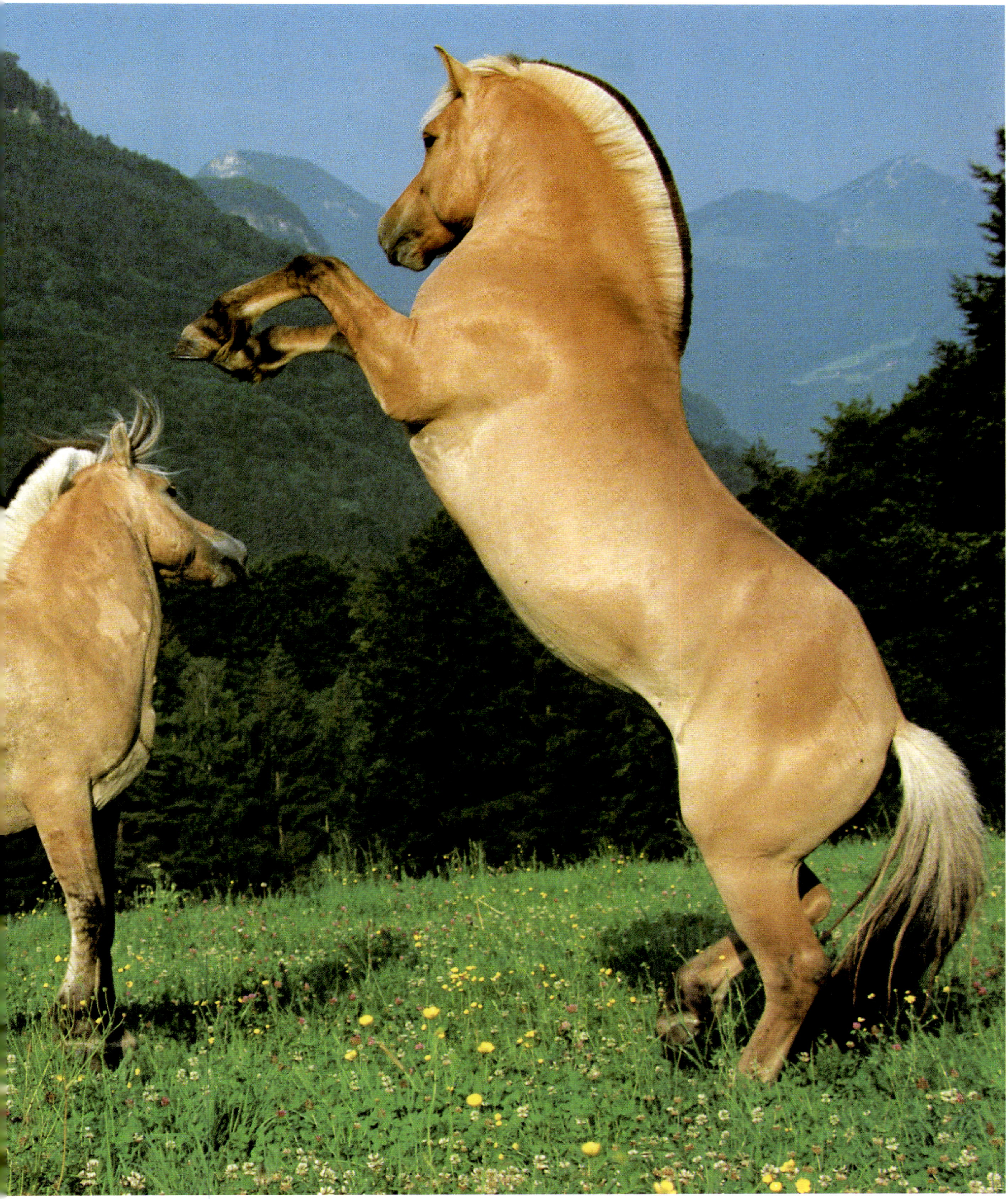

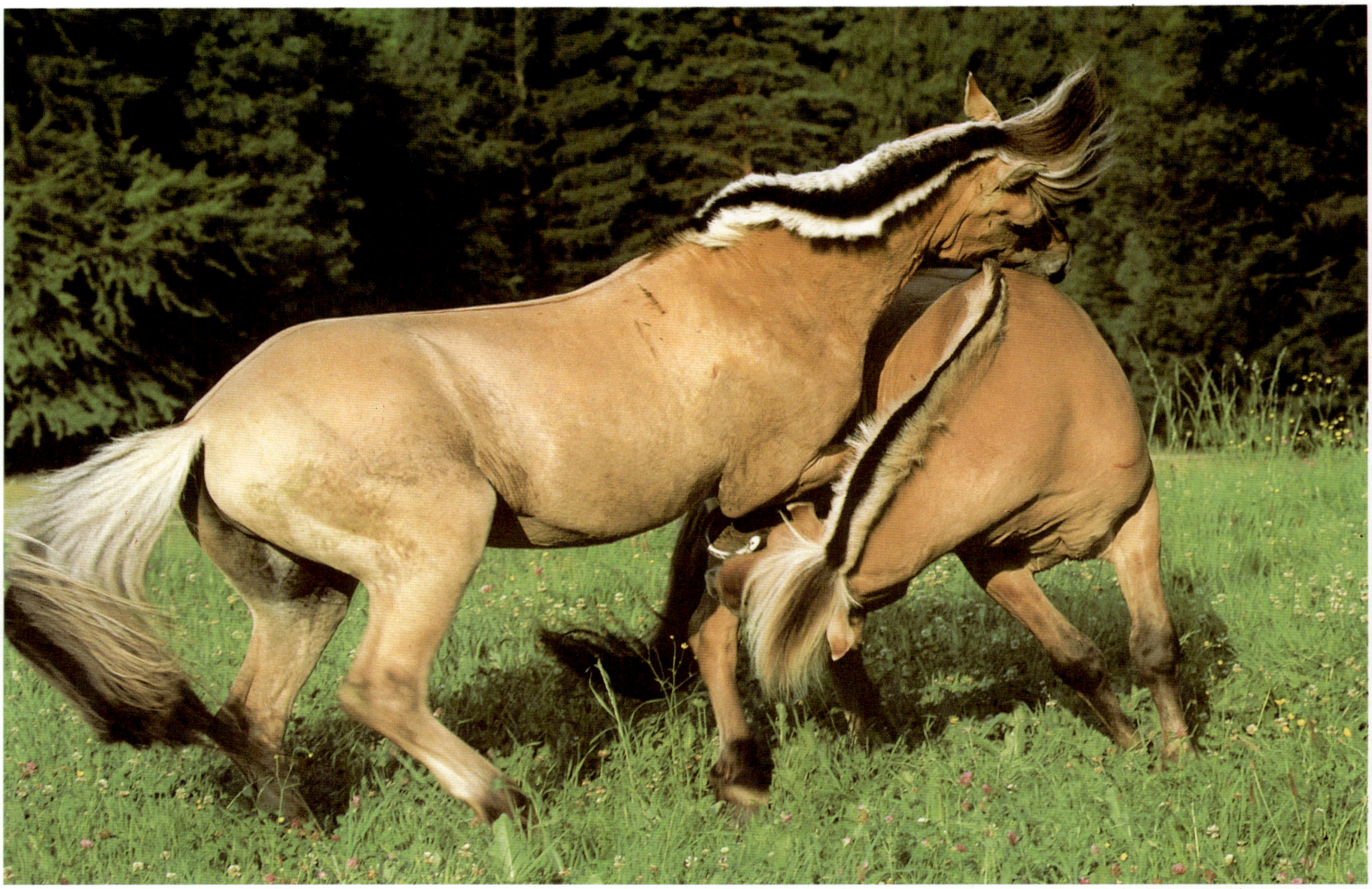

*Rivalen im Kampf: Trommelnde
Vorderhufe und blitzschnelle
Bisse können zu gefährlichen
Verletzungen führen*

*Schlag- und
Beißkampf im
Steigen*

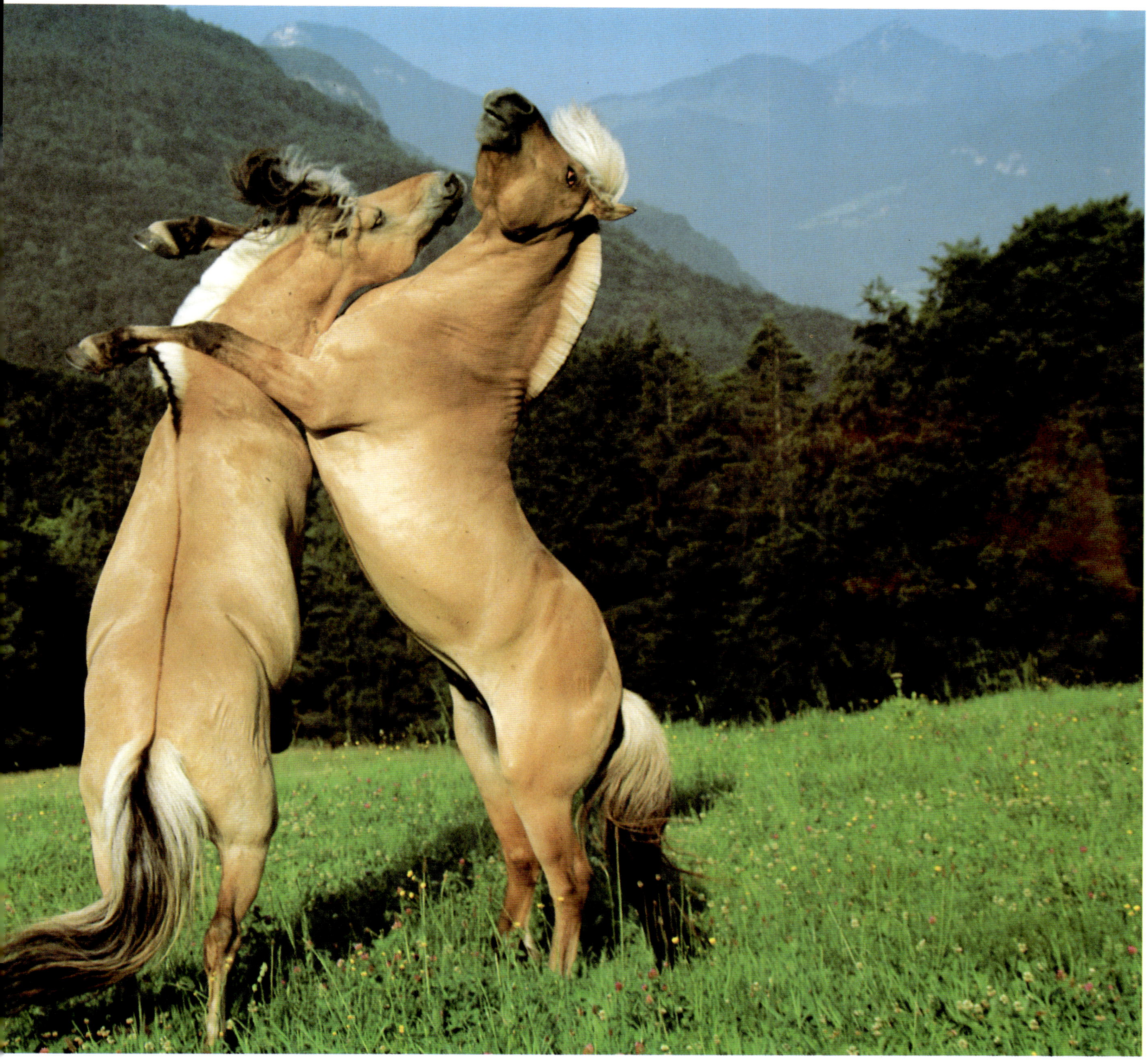

Die friedliche Mimik und Stellung der Ohren der beiden Hengste zeigen deutlich, daß sie nicht miteinander kämpfen, sondern daß es sich um einen Spielkampf handelt. Bei einem echten Kampf wären die Ohren schräg nach hinten angelegt.

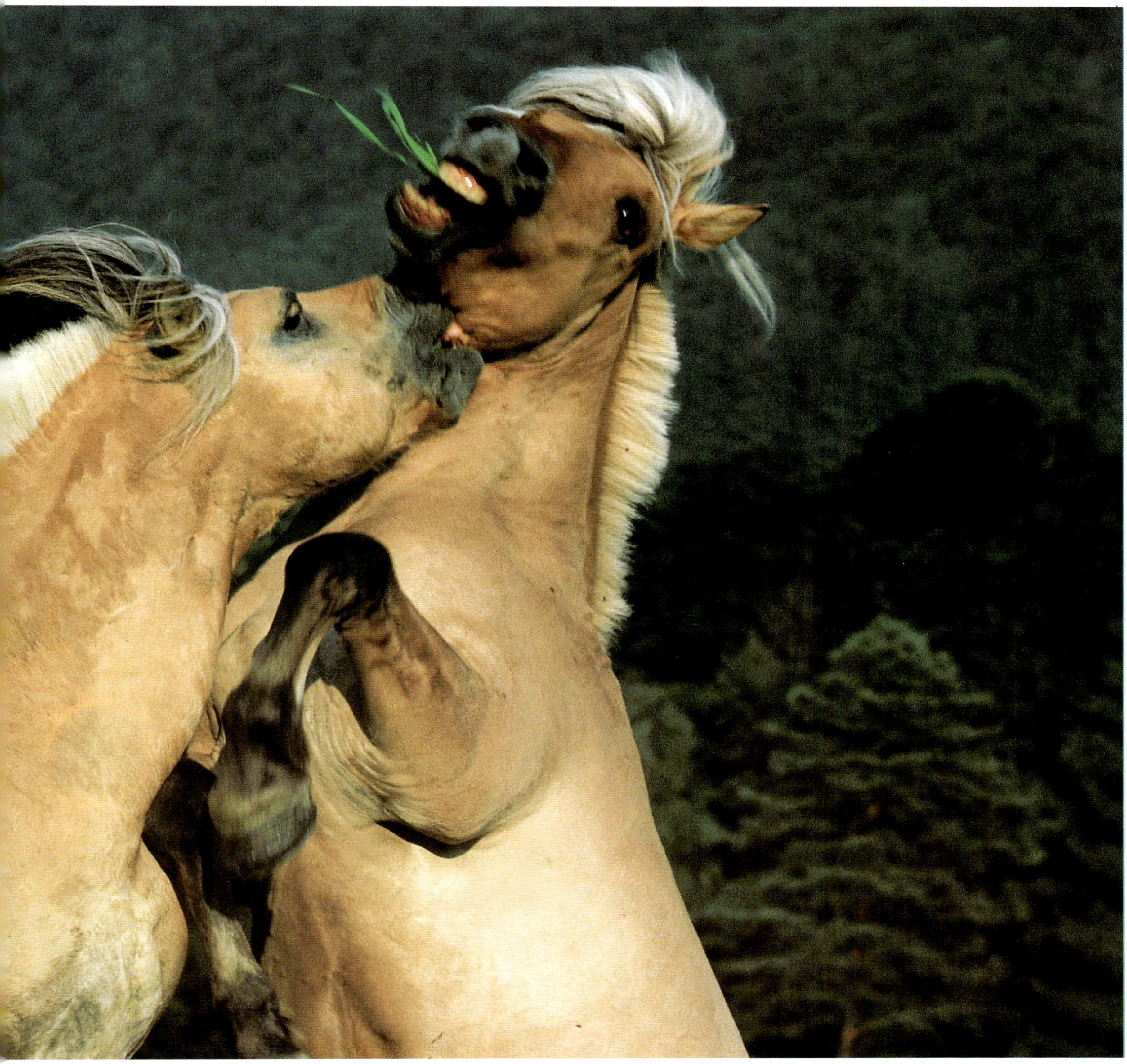

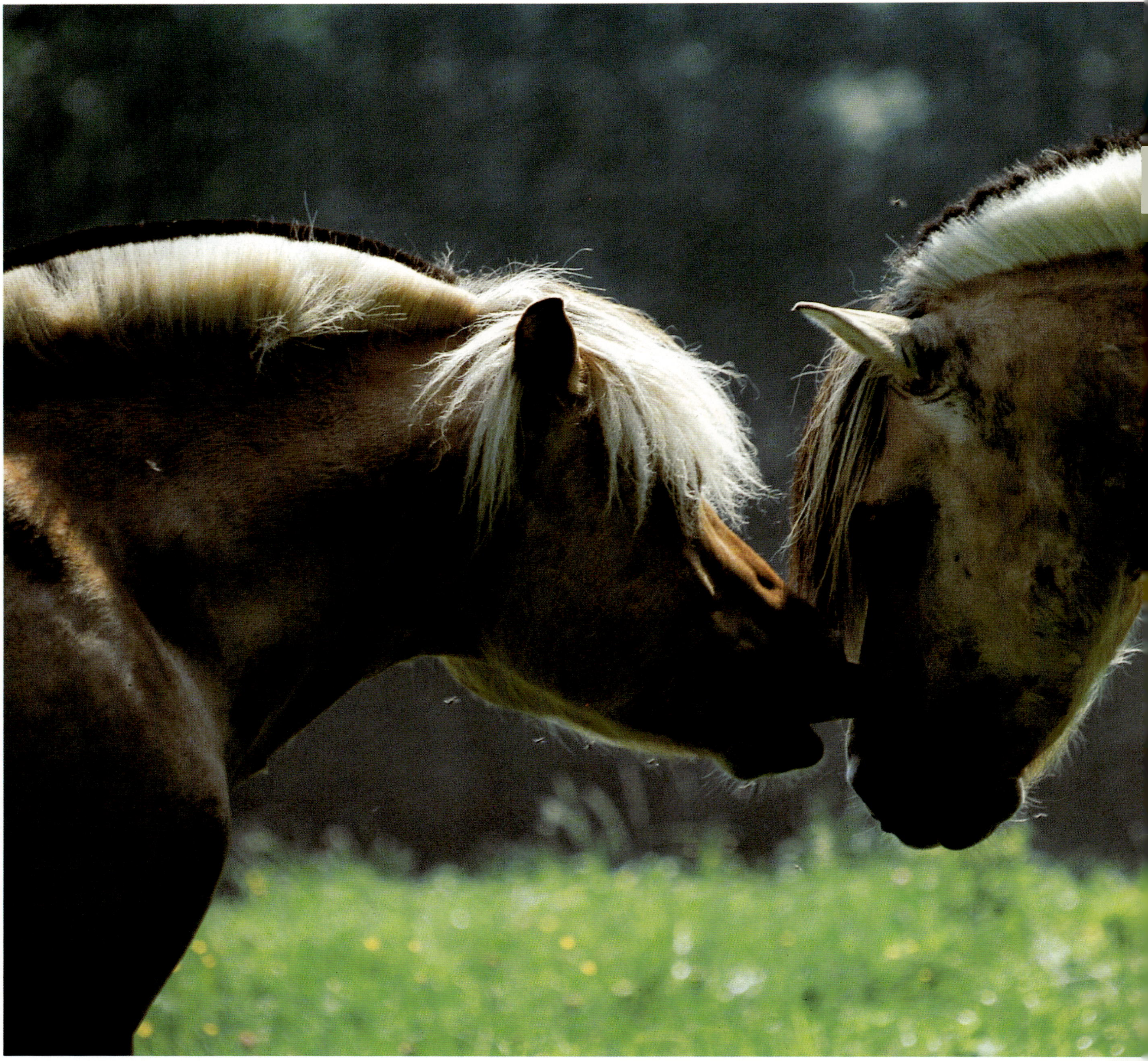

*Eine Zwischenphase
beim Kampfspiel:
wachsames Riechen*

Haflinger und Isländer: Kleinpferde mit Esprit

Die lebhaften, beweglichen Haflinger schätzt man als robuste, trittsichere Kleinpferde mit einem trockenen, stabilen Fundament. Die hübsche Gebirgsrasse bringt hauptsächlich Füchse in vielen Schattierungen mit häufig weißen Abzeichen und hellem Langhaar hervor. Aufgenommen in Tirol, zeigen die Fotos einen Haflinger-Hengst beim Flehmen, ein stimmungsvolles Bild einer Herde im Nebel sowie Bewegungsstudien an Hengsten. Sie alle spiegeln die ungestüme, lebendige Wesensart der Rasse wider. Ihr Ursprung liegt in einem kleinen, zähen Gebirgsschlag aus den Südtiroler Alpen. Über die Blutzufuhr kaltblütiger Noriker aus dem Alpenraum sowie orientalischer Hengste, welche die Südtiroler Burgherren von ihren Kreuzzügen mitbrachten, formte sich der Haflingertypus heraus. Sein gesamtes Erscheinungsbild mit einem soliden Fundament und die vielseitige Verwendbarkeit machten ihn zu einer anerkannten Weltrasse. Der Haflinger verkörpert das Sinnbild des freundlichen Pferdes, dem die Herzen zufliegen.

Winterimpressionen: Haflinger und Isländer im Schnee

Die Freude der Pferde an der Bewegung beim Toben im Schnee kommt in den Bildern ab Seite 128 zum Ausdruck. Die Herde der Island-Ponys wurde in Österreich fotografiert. In wildlebenden Herden, die sich ganzjährig im Freien aufhalten, werden die Ponys normalerweise aufgezogen. Die gnadenlose natürliche Auslese schuf hierdurch eine der härtesten und genügsamsten Pferderassen. Schon immer spielten Islands Pferde in den Sagen und Legenden der Menschen nördlicher Länder eine bedeutende Rolle, wie z.B. Gráni, das Pferd des nordischen Helden Siegfried. In den Augen dieser unerschrockenen Kleinpferde spiegelt sich die endlose Weite tiefer Täler und frostkalter Gletscher ihrer Heimat. Neben Schritt, Trab und Galopp beherrschen die Islandpferde auch Tölt und Paß. Haarkleid, Stirnschopf, Fellstruktur, Mähne und Schweif bieten Schutz bei jedem Wetter.

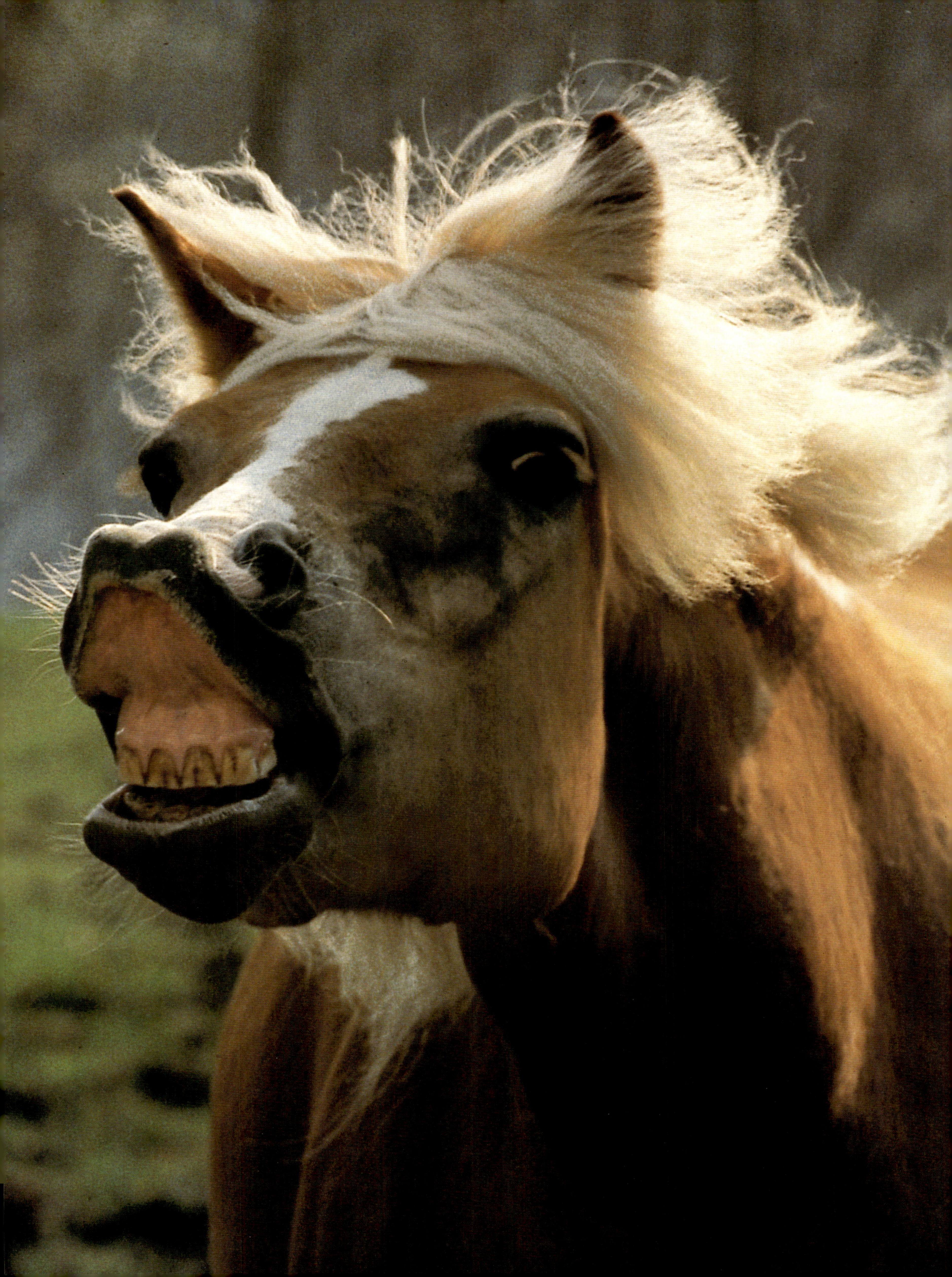

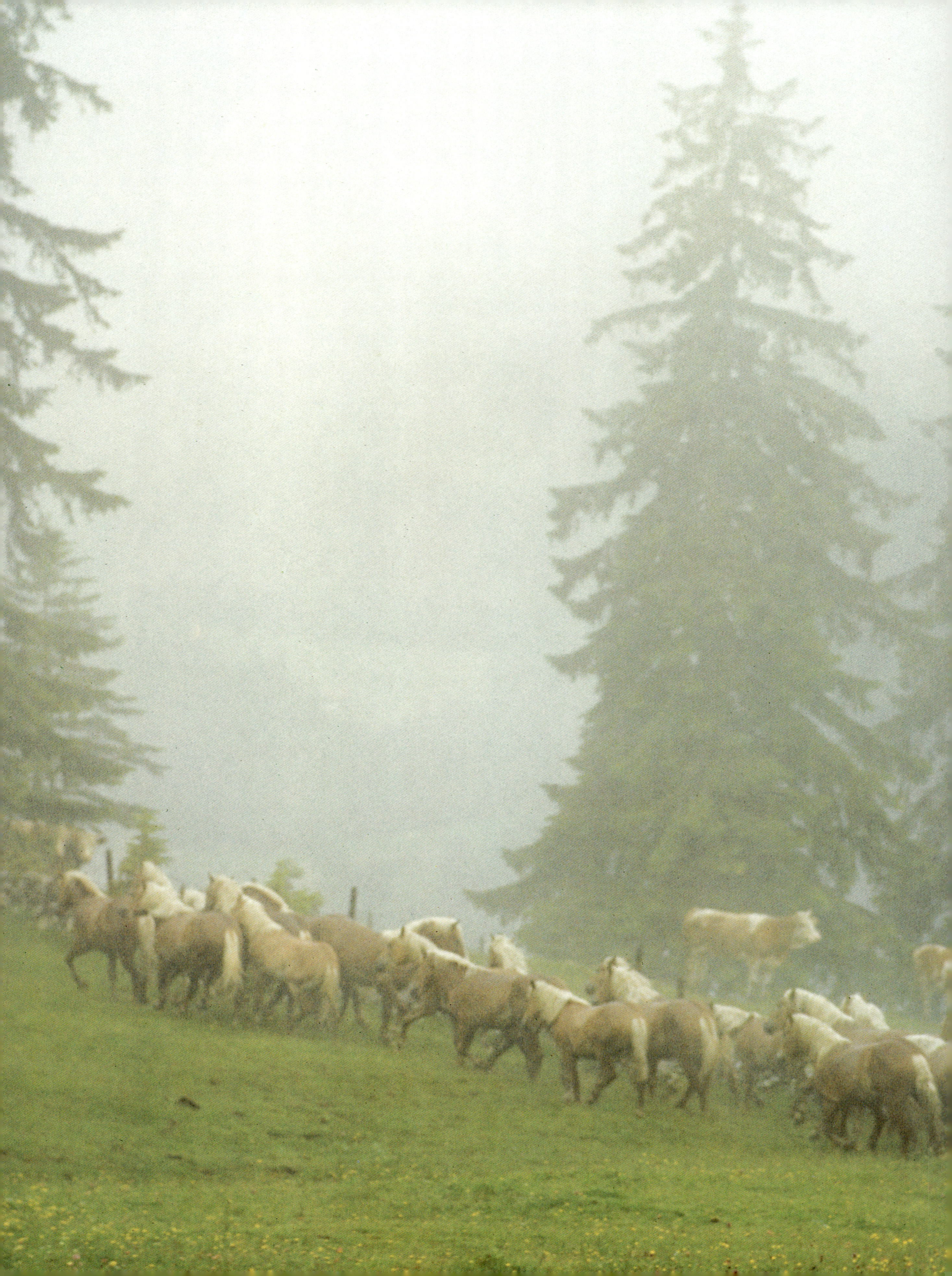

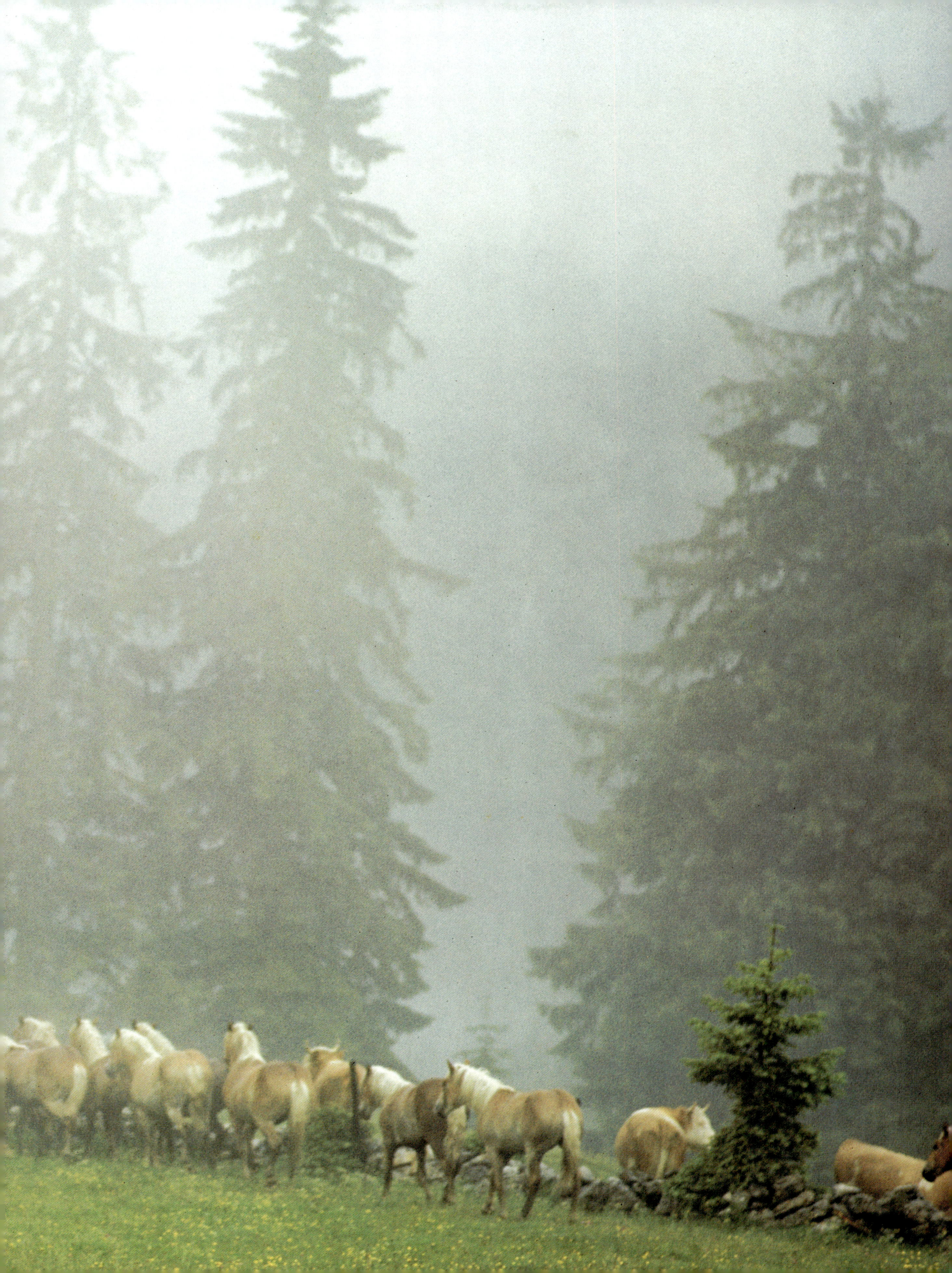

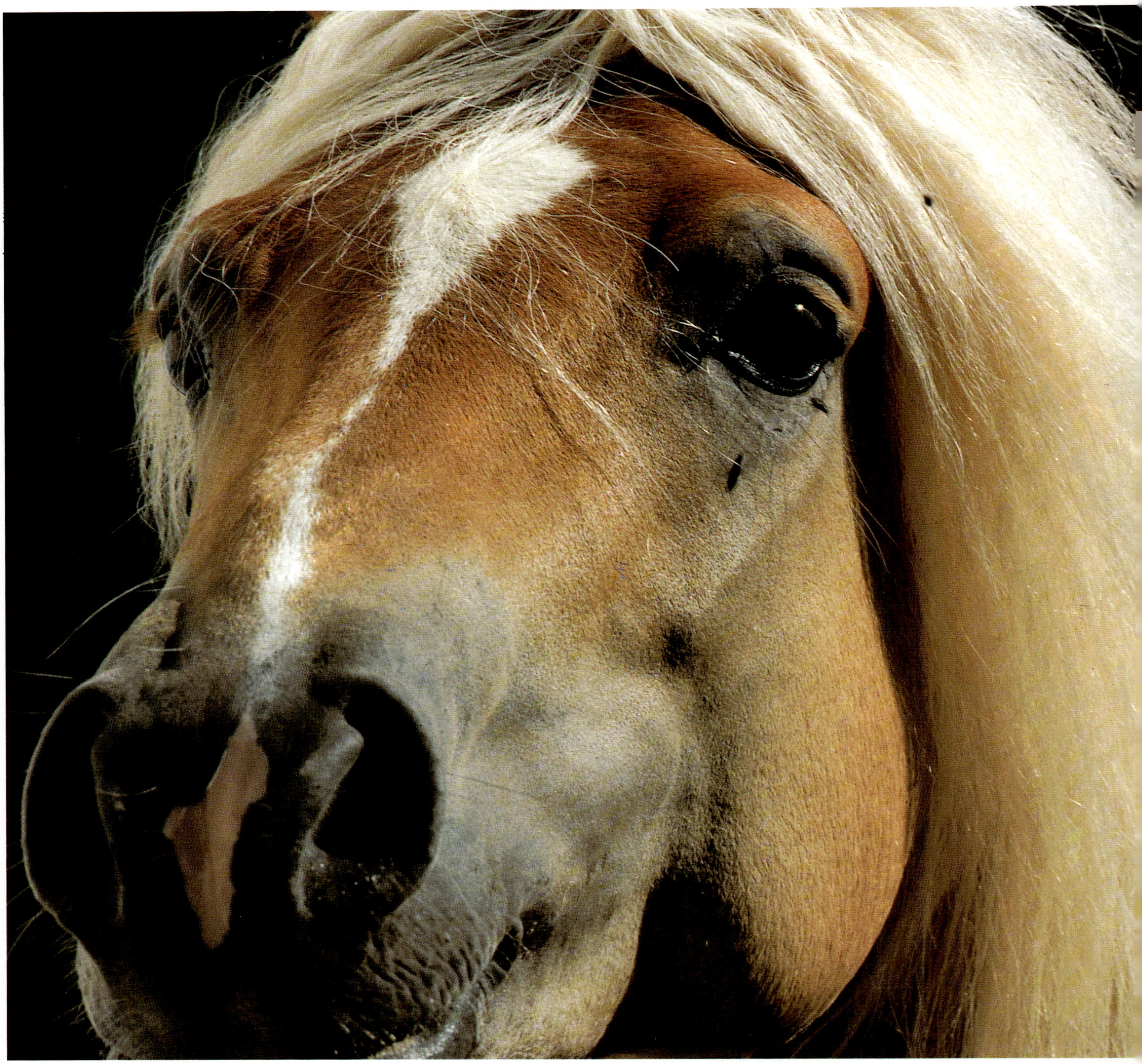

Porträt eines Haflinger-Hengstes: ein ruhiges Auge, geblähte Nüstern und eine dichte Mähne, die aus goldenen Fäden zu bestehen scheint

122

*Bewegungsstudien an
Haflinger-Hengsten:
Tanz der lebhaften
Gebirgsponys*

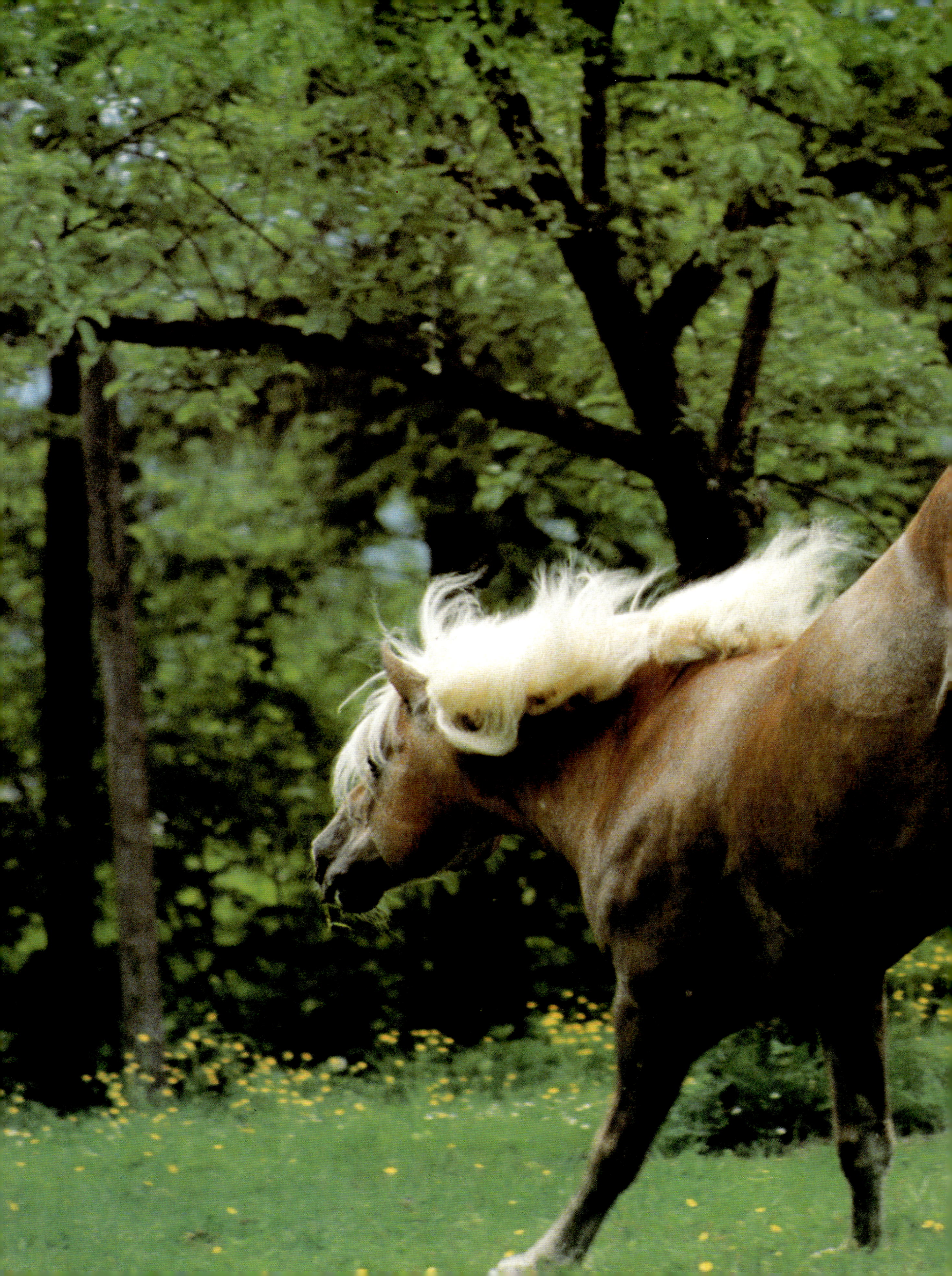

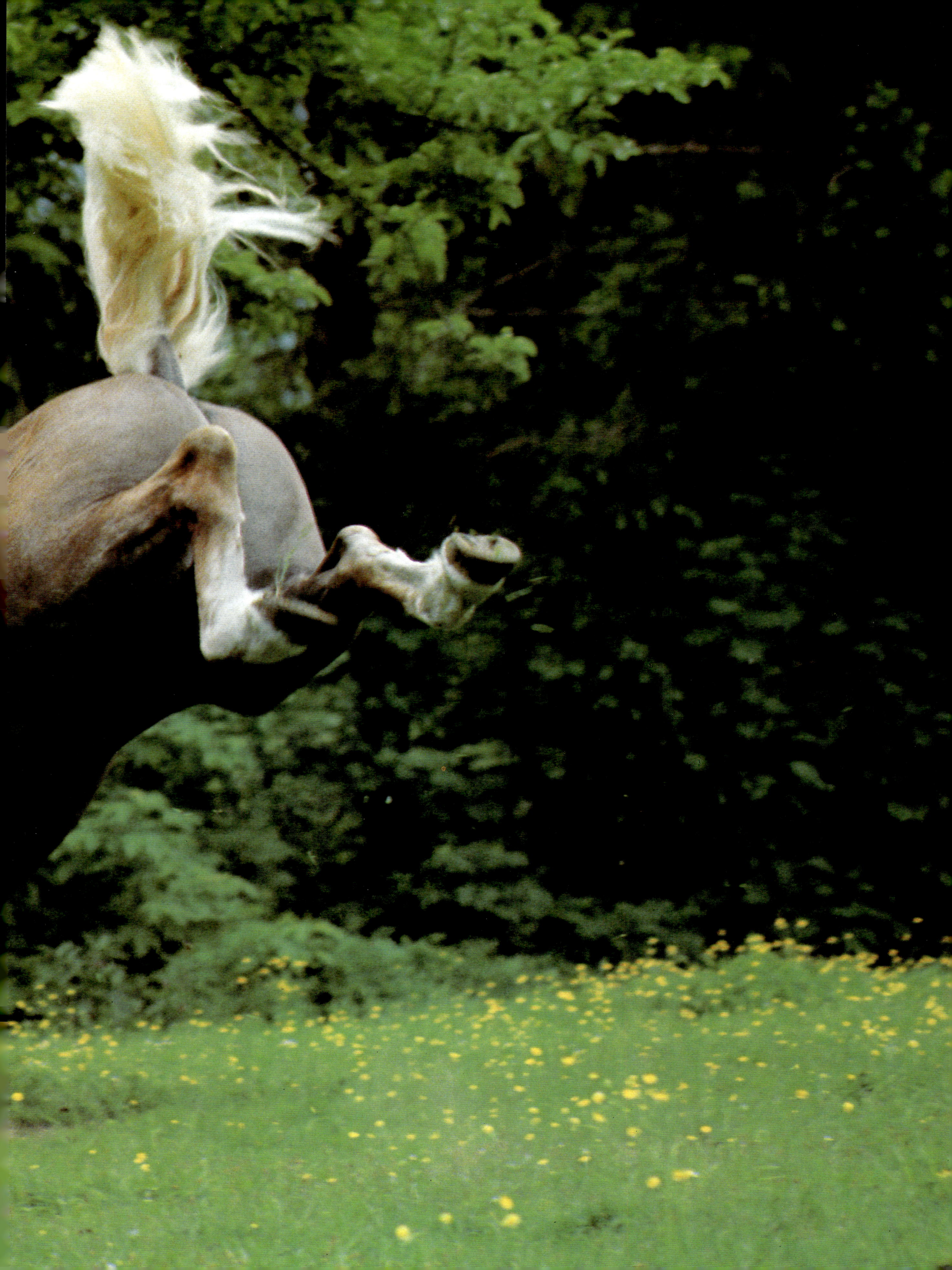

*Winterimpressionen:
Haflinger-
Junghengste toben
durch den Schnee*

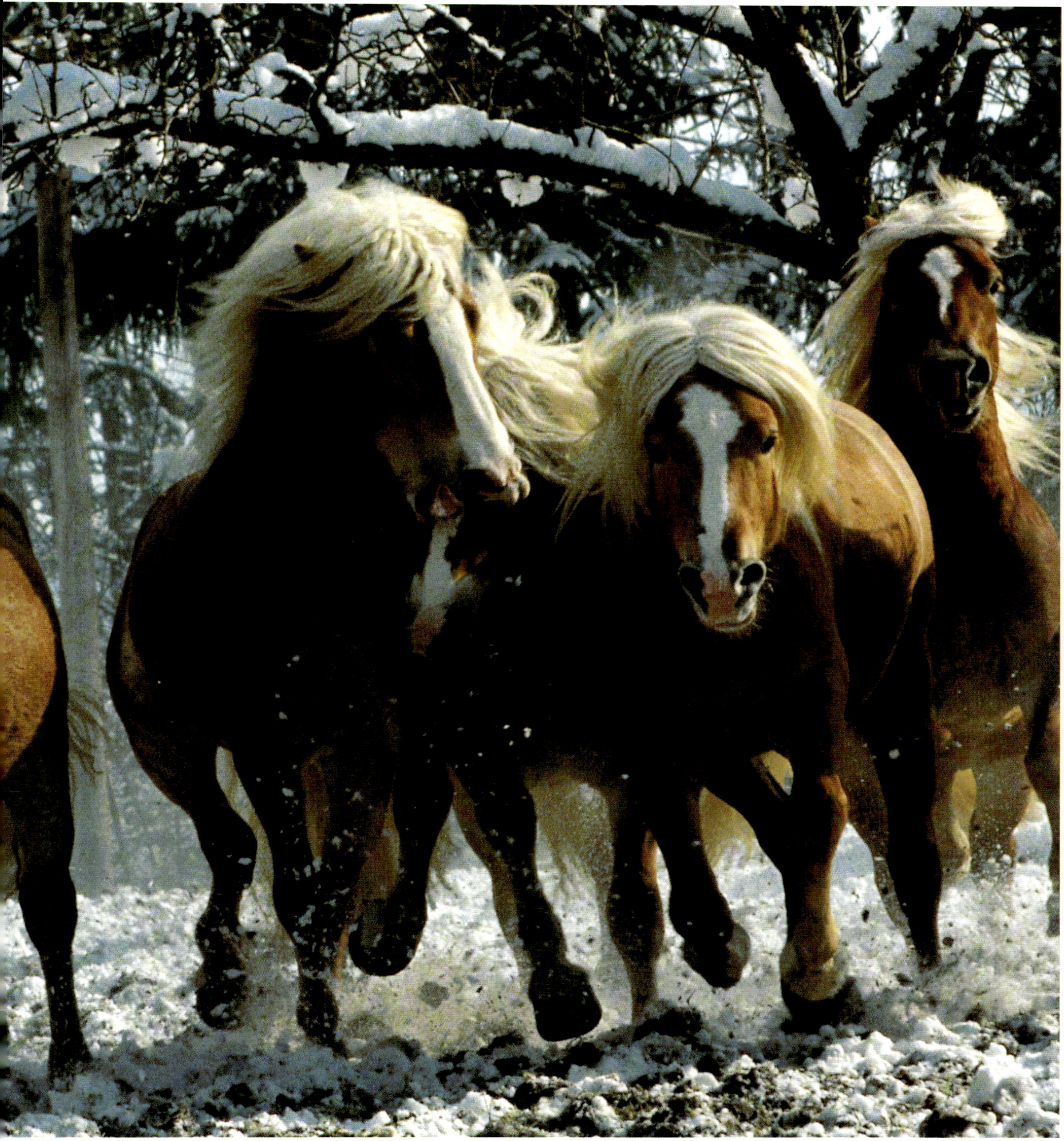

*Mit kräftigen Bissen
wird um die
Spitzenposition
gekämpft*

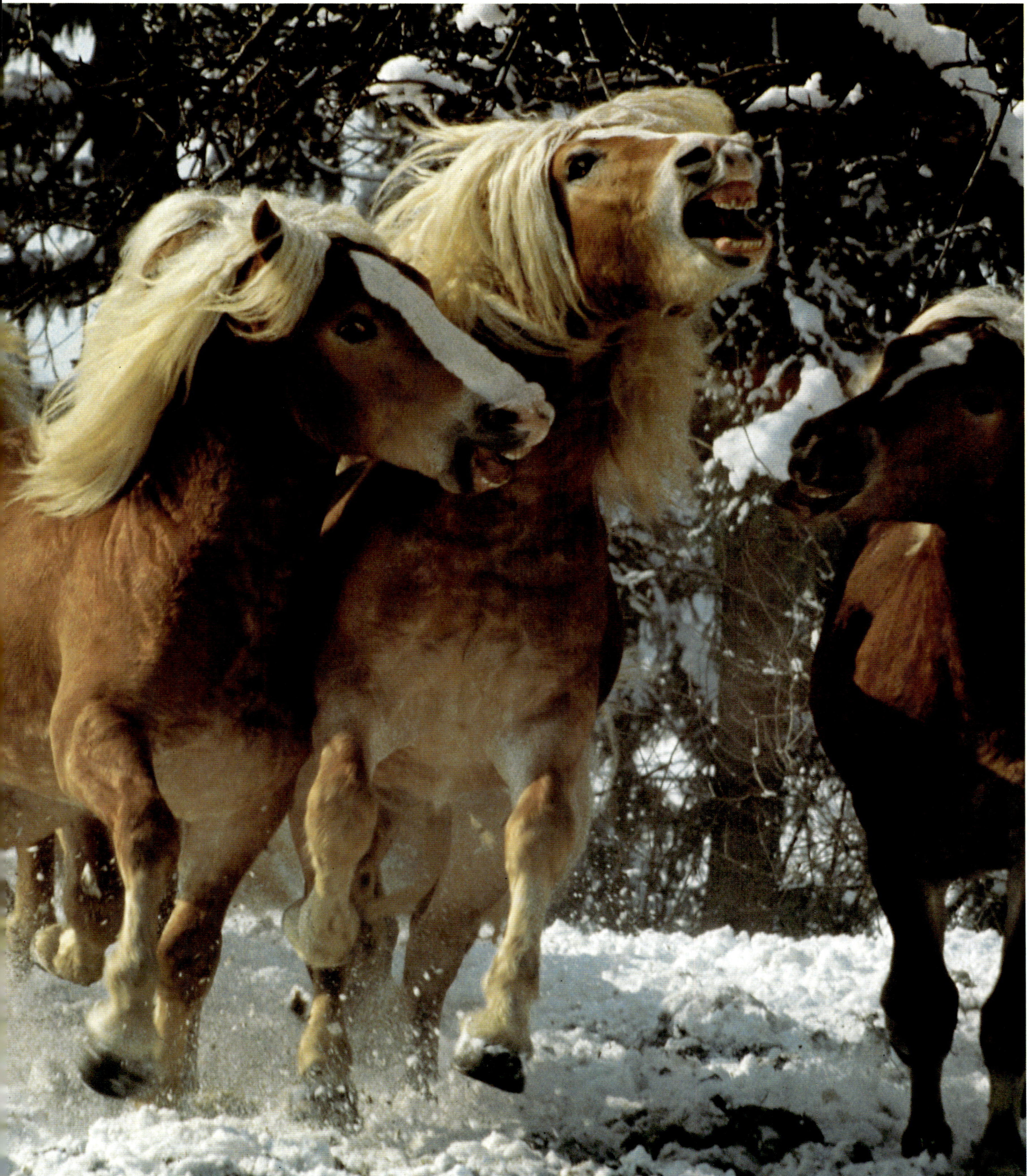

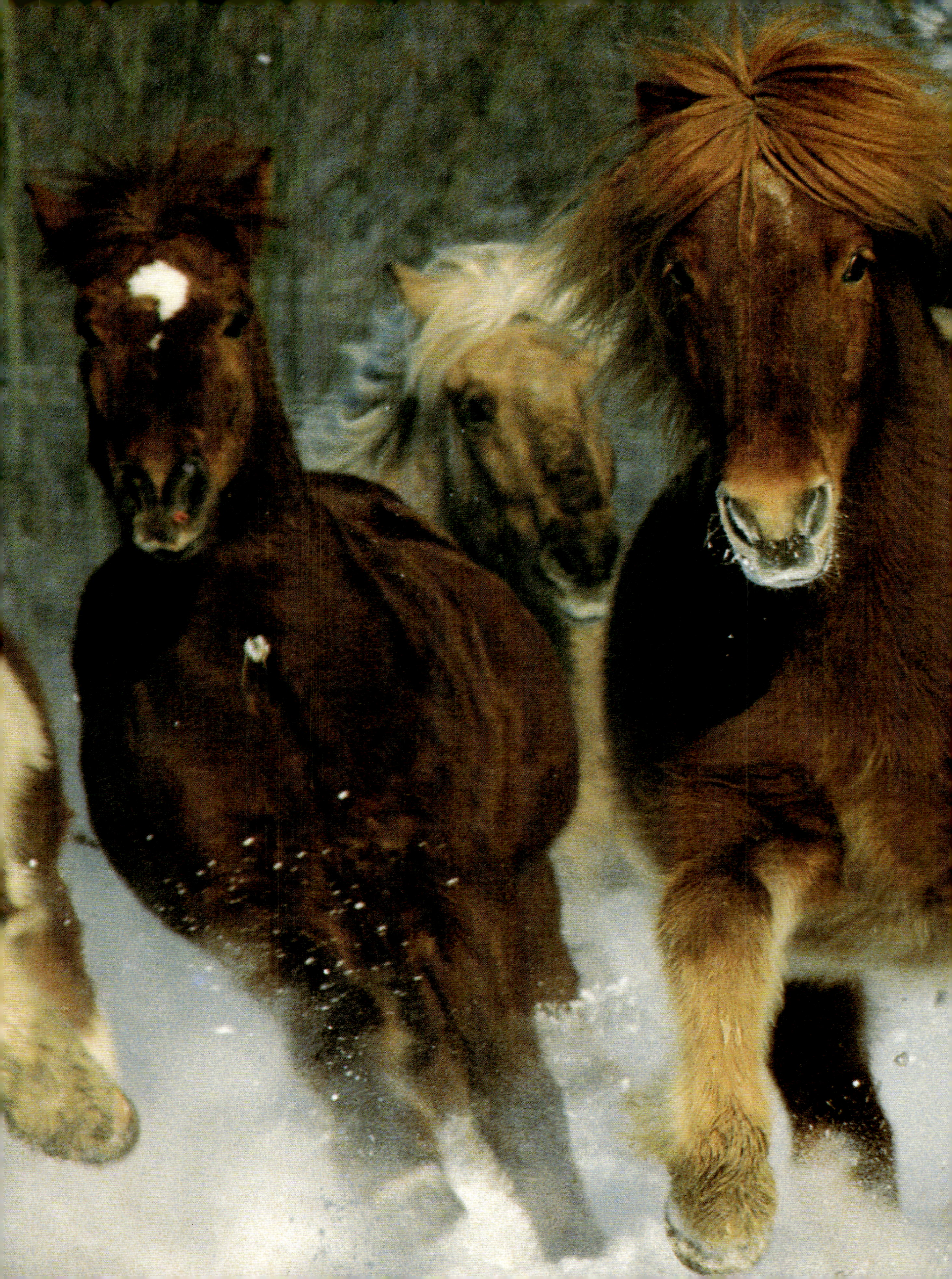

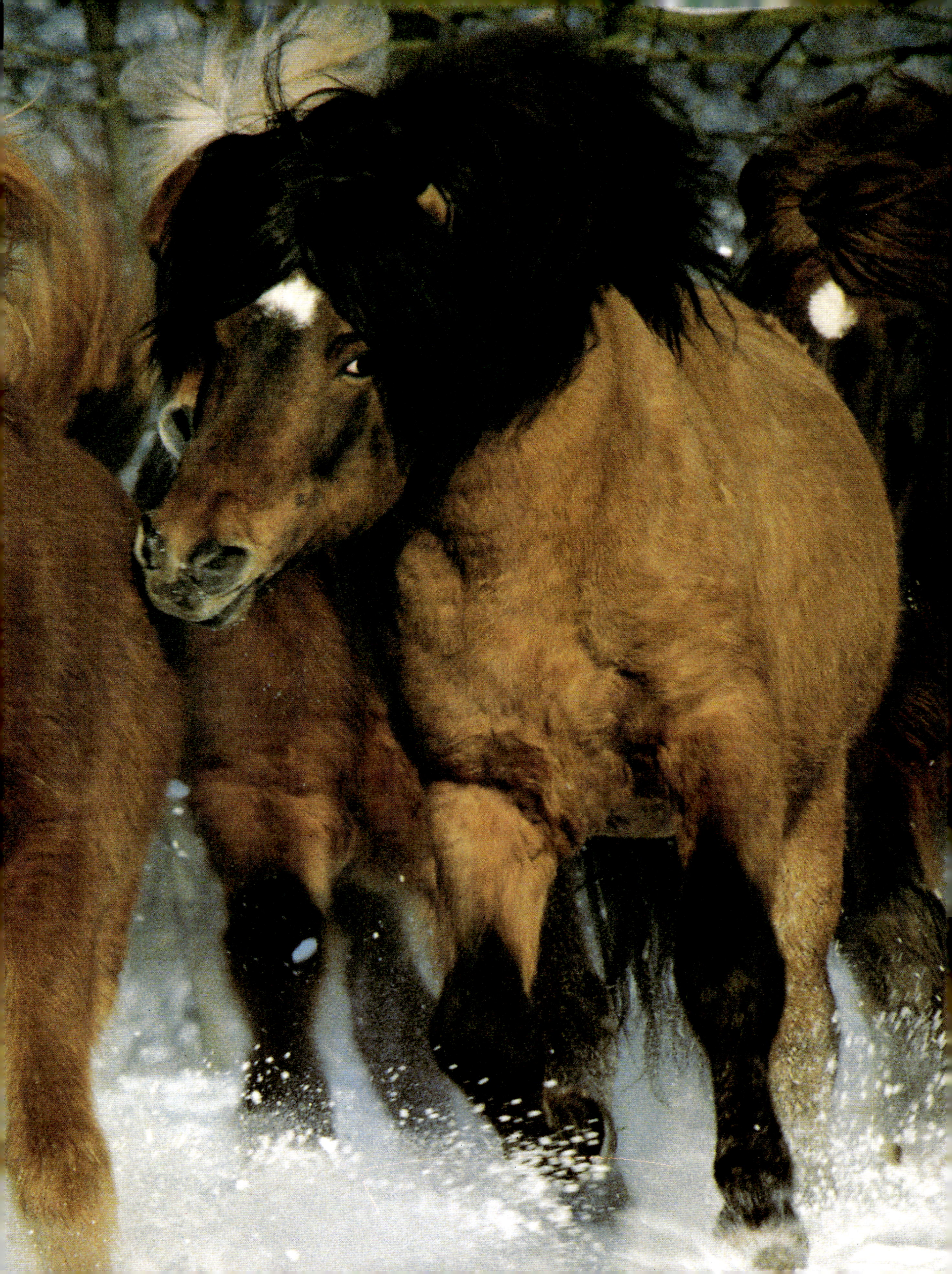

„*Die Wolken schienen Rosse mir,*
Die eilends sich vermengten,
Des Himmels hallendes Revier
Im Donnerlauf durchsprengten.

Der Sturm, ein wackrer Rosseknecht,
Sein muntres Liedel singend,
Daß sich die Herde tummle recht,
Des Blitzes Geißel schwingend."

                              Nikolaus Lenau

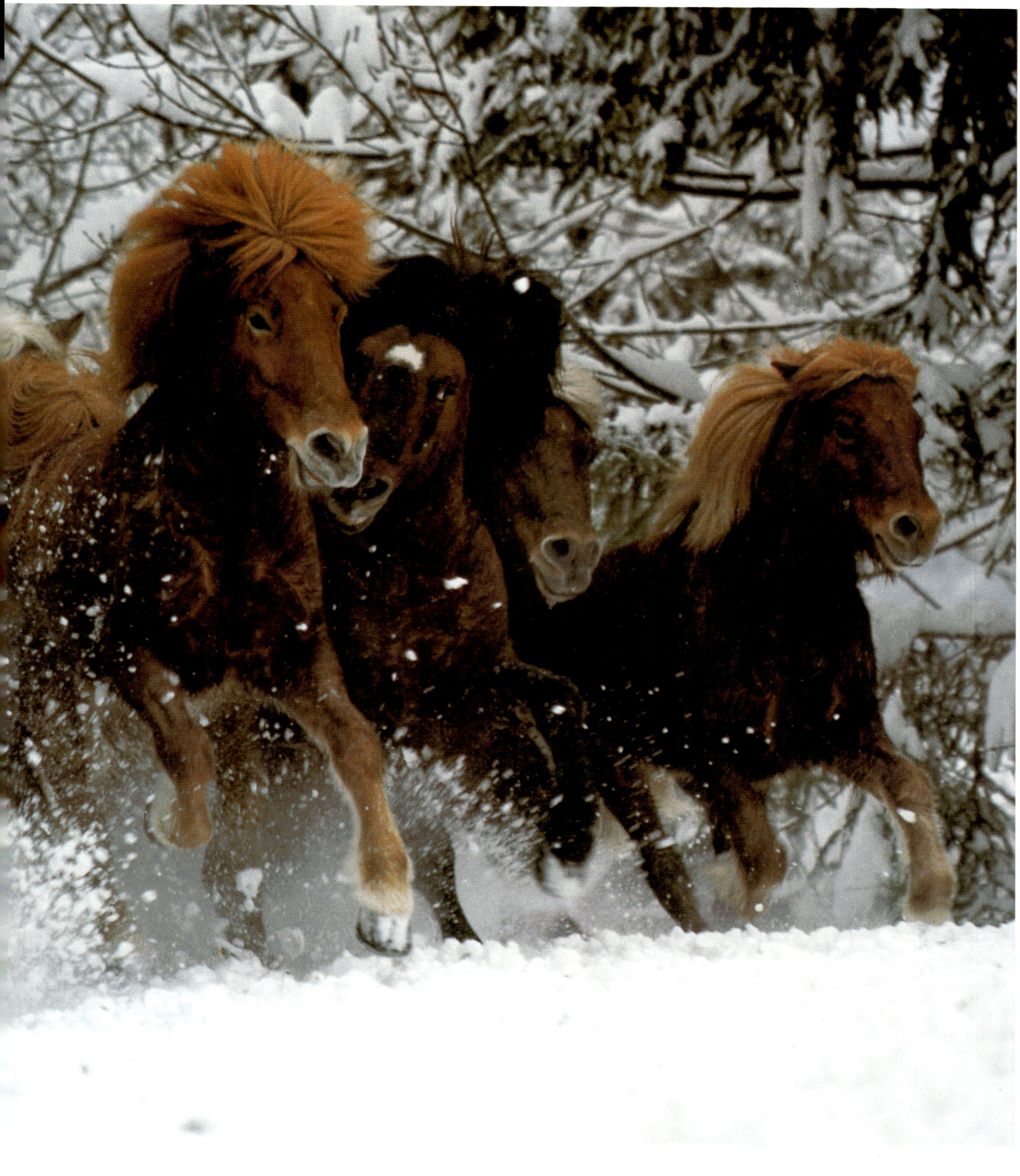

Andalusische Pferde: Vollkommene Schönheit

Auf seinen Reisen durch die europäische Pferdewelt hat es Tomáš Míček noch einmal nach Andalusien gezogen. Hier entstand eine weitere Serie seiner ausdrucksstarken Kunstwerke von Andalusier-Pferden vor zum Teil natürlichen Kulissen, wie Blumenwiesen. Seine Bilder dokumentieren Faszination, Intelligenz und Gutartigkeit dieser spanischen Rasse. Beim Betrachten der Aufnahmen spürt man seine Begeisterung für Andalusier und auch seine Liebe zu diesen Tieren.

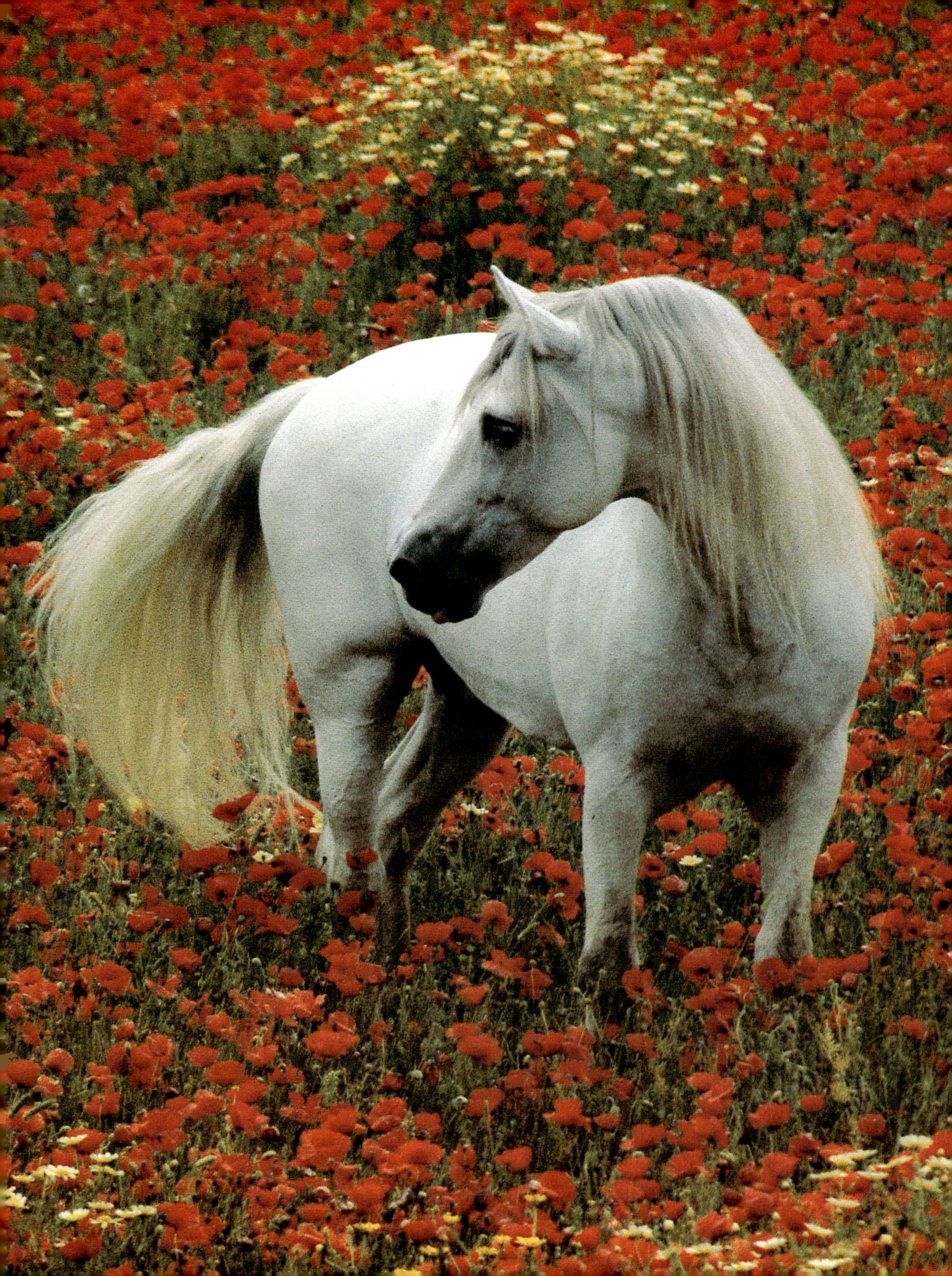

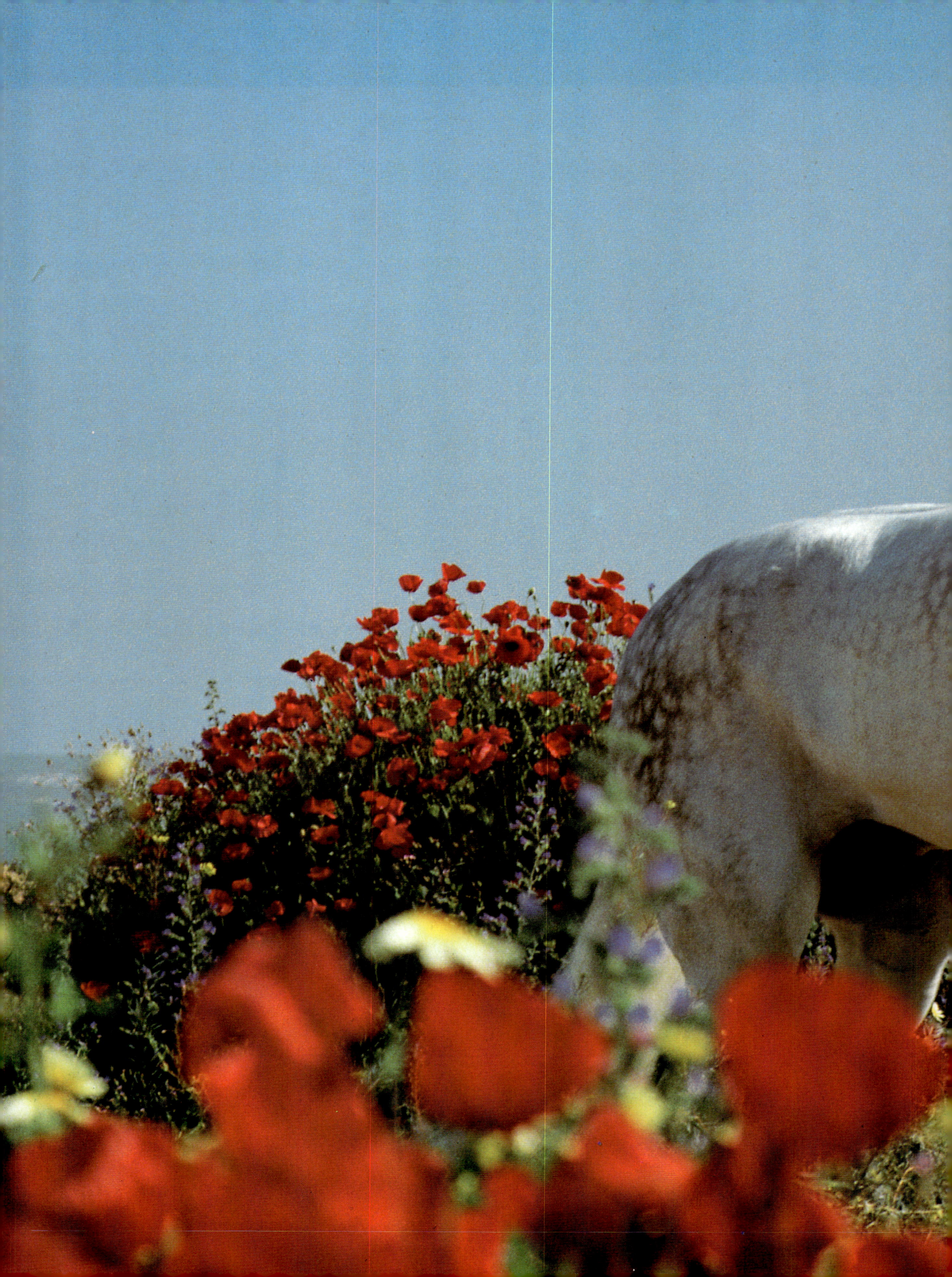

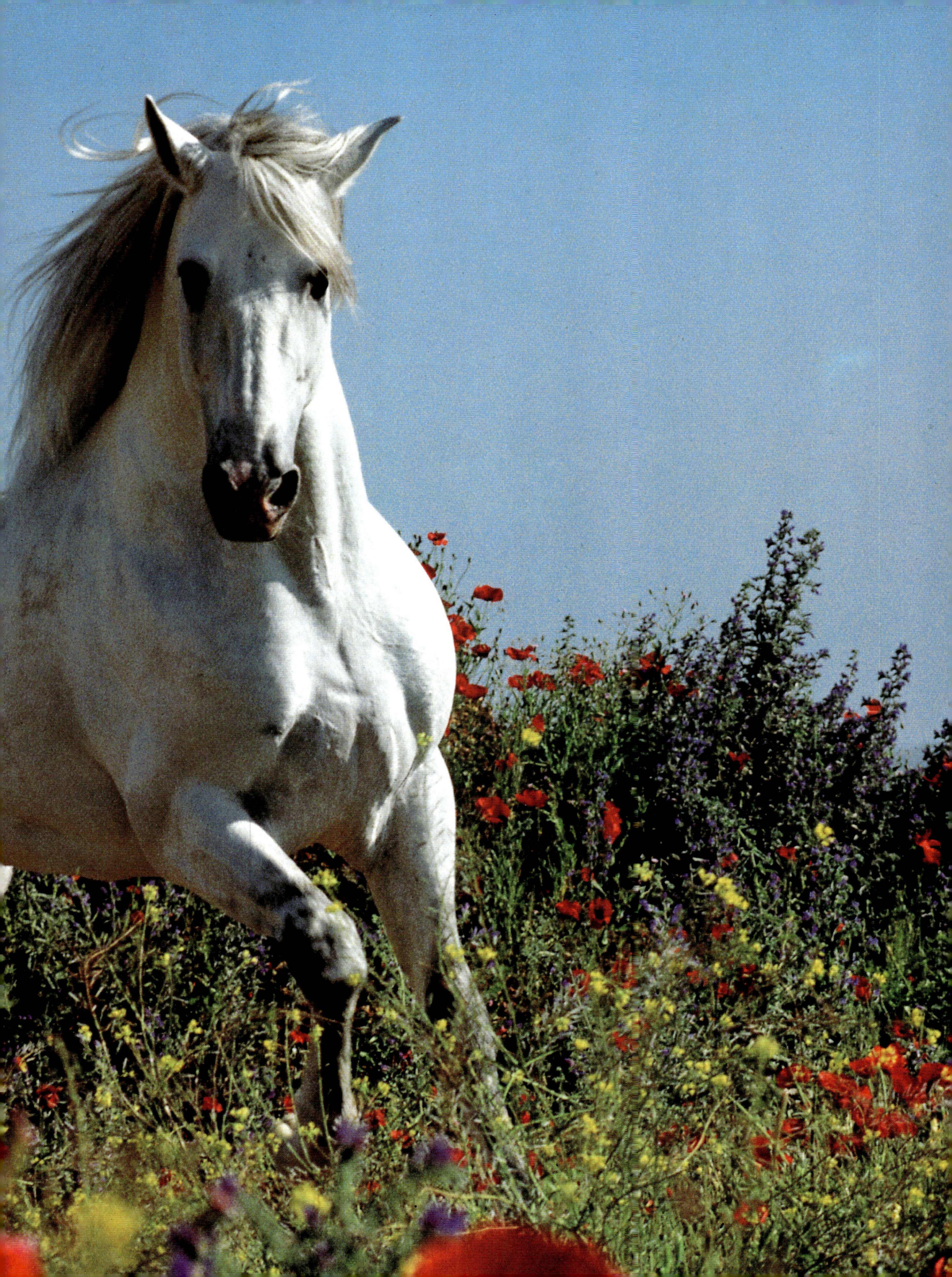

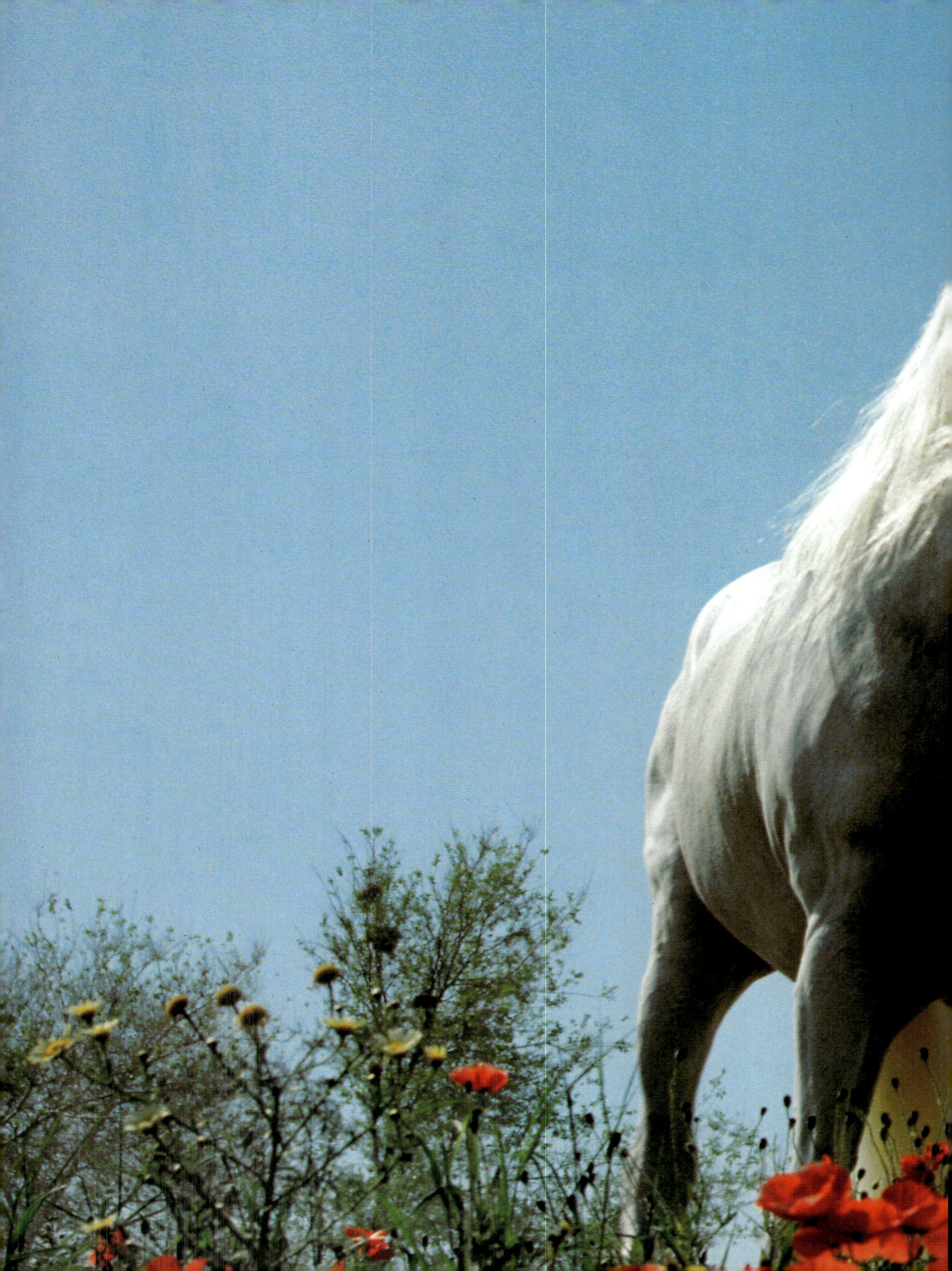

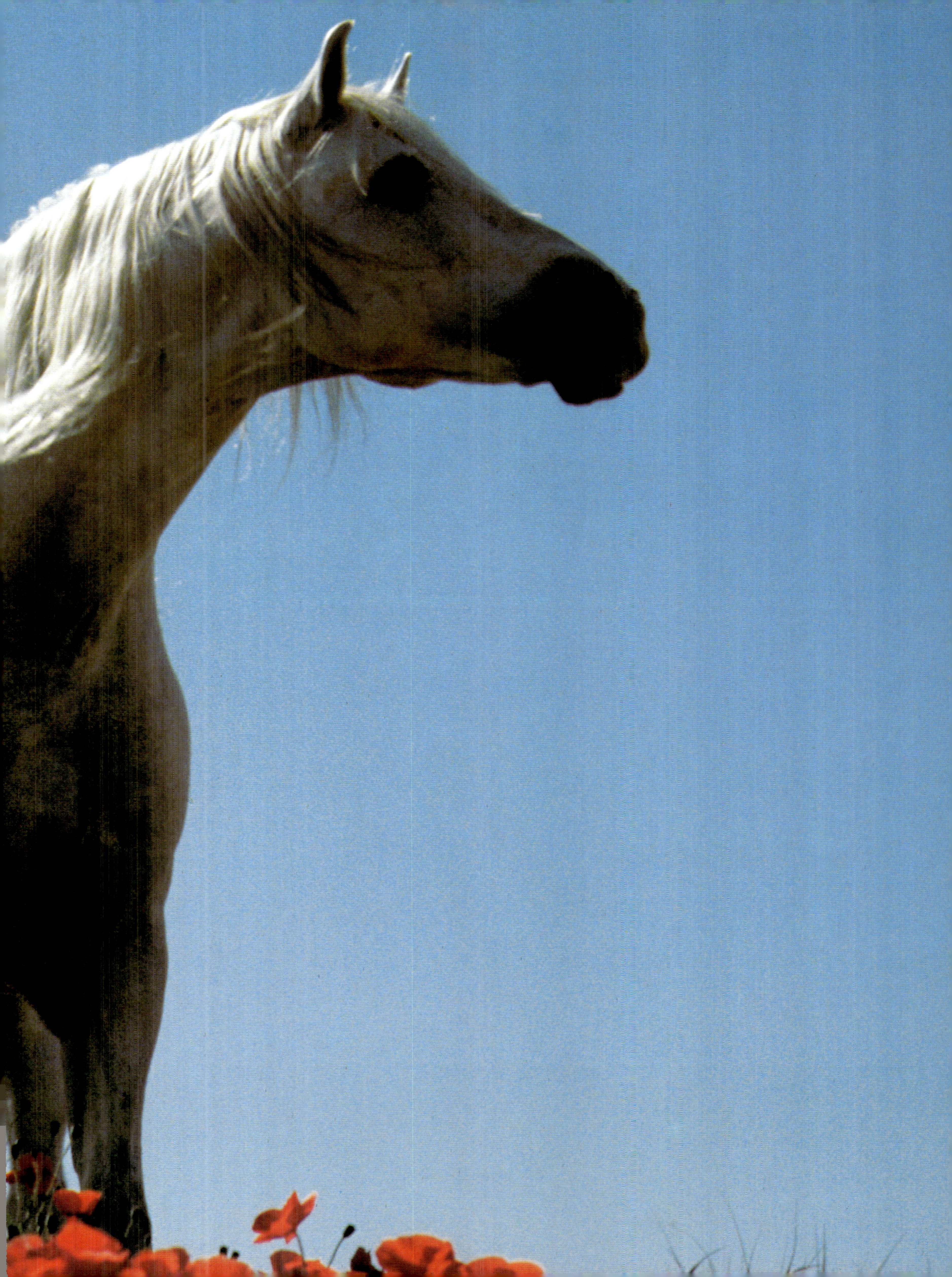

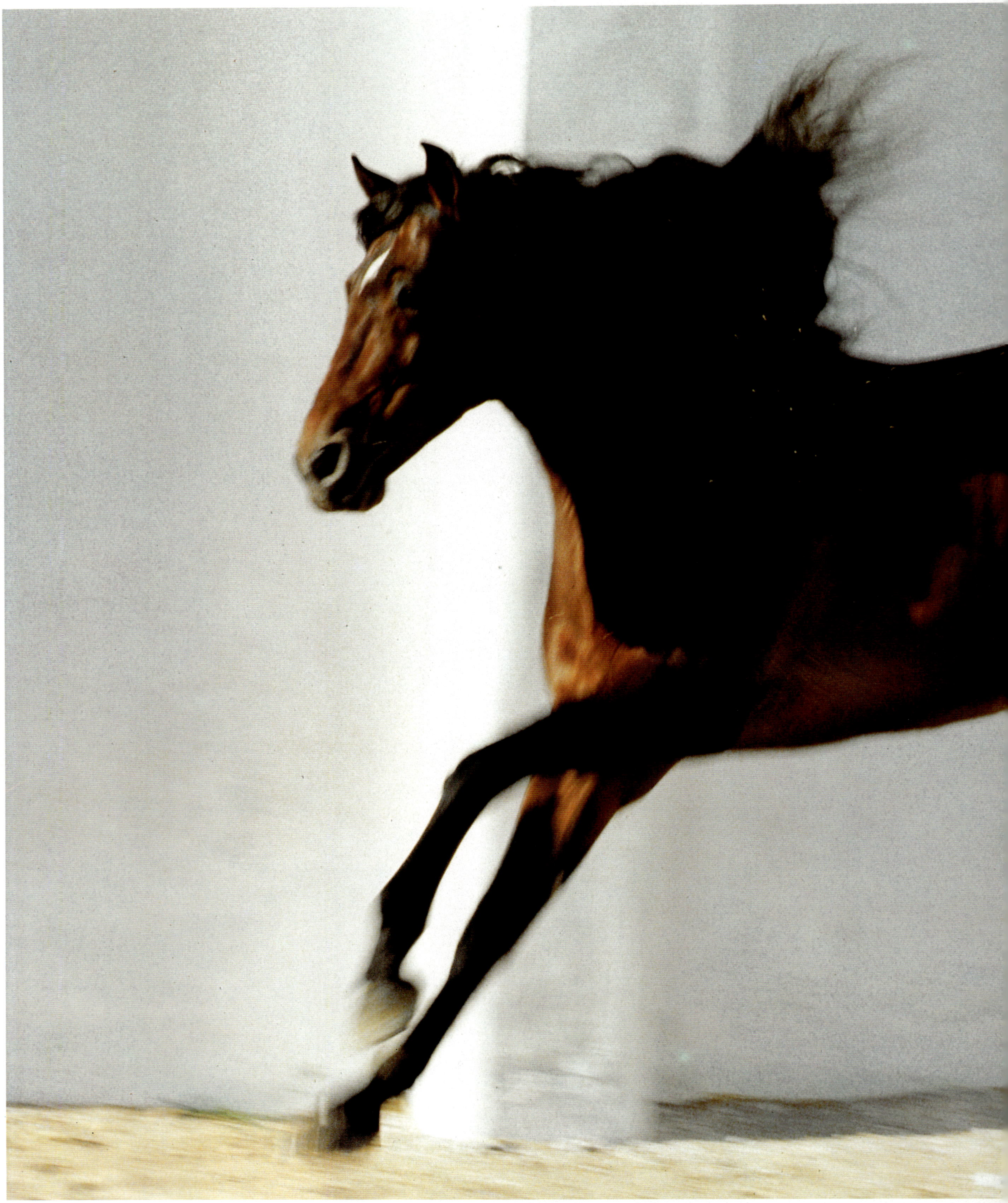

„*Mein Pferd
ist der Delphin
der Prärie ...*"

Roy Campbell

„Die ganze Welt war mein
bis zu dem Tag,
da er den Kopf hob
und rief –
aber nicht mich.
Die Antwort,
die er erwartete,
hätte nur
ein Wiehern sein können."

Robert Vavra

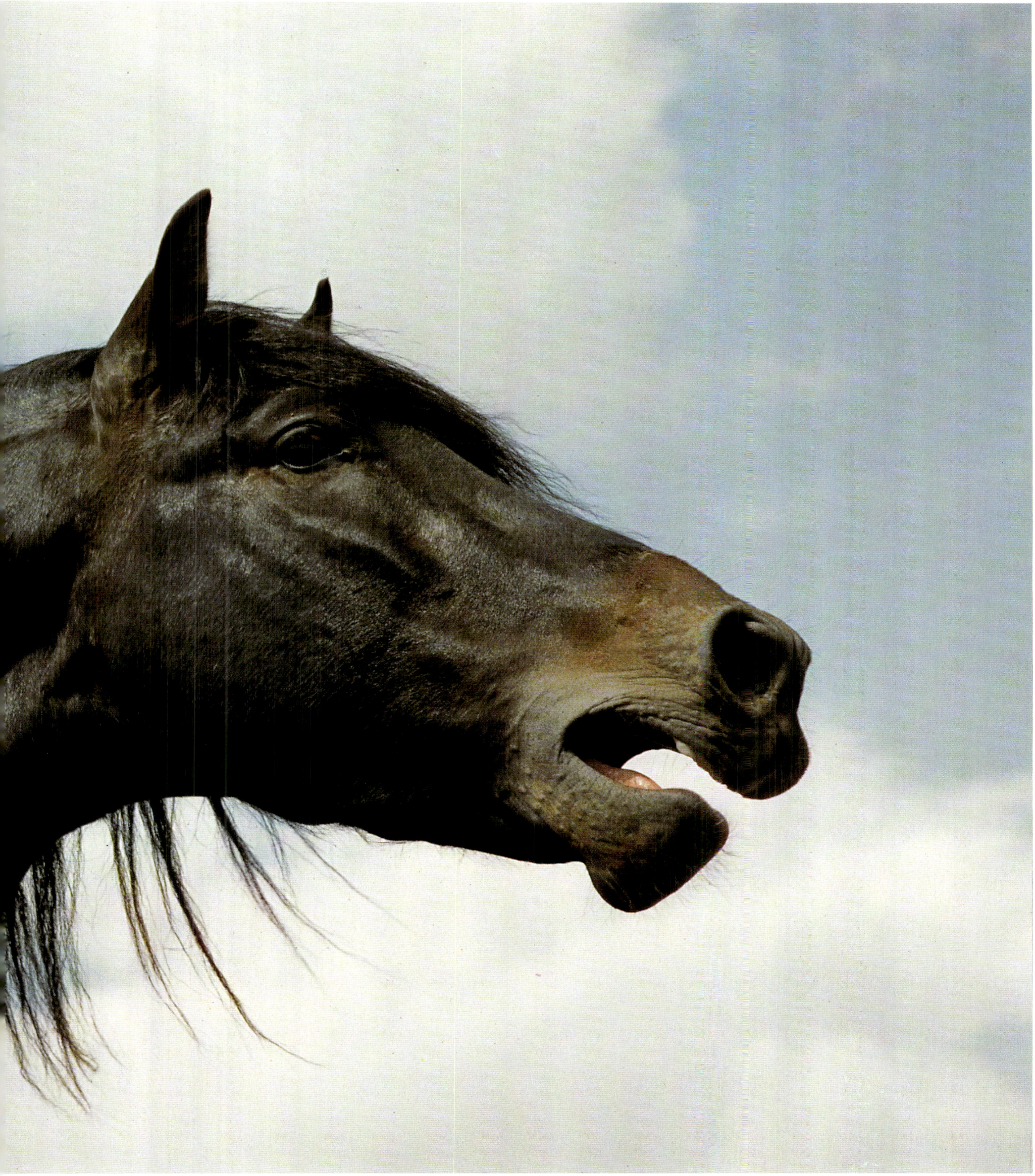

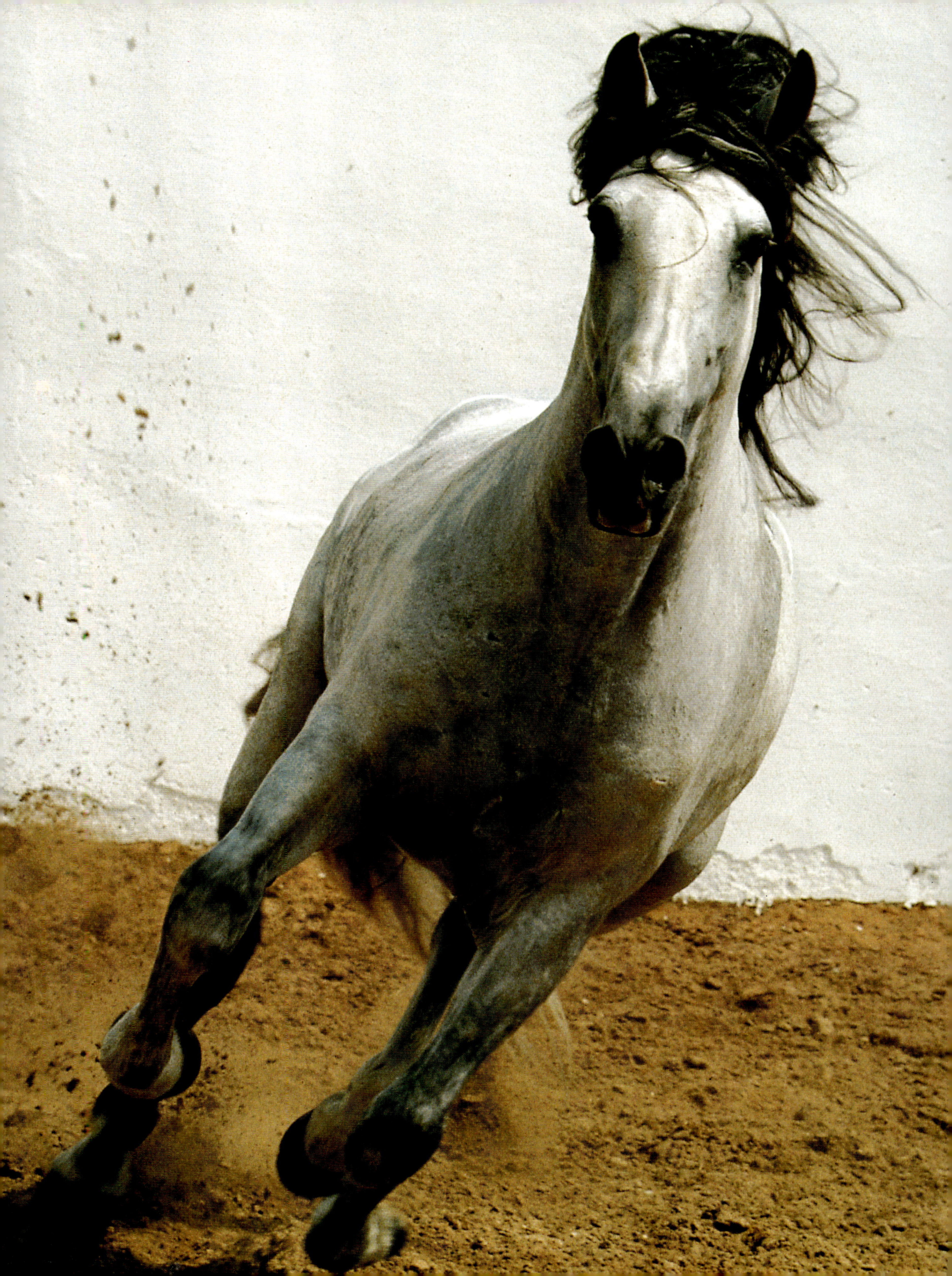

„Kein Merkmal fehlt, und man
vermißt nichts weiter
Als auf dem stolzen Hengst den
stolzen Reiter."

William Shakespeare

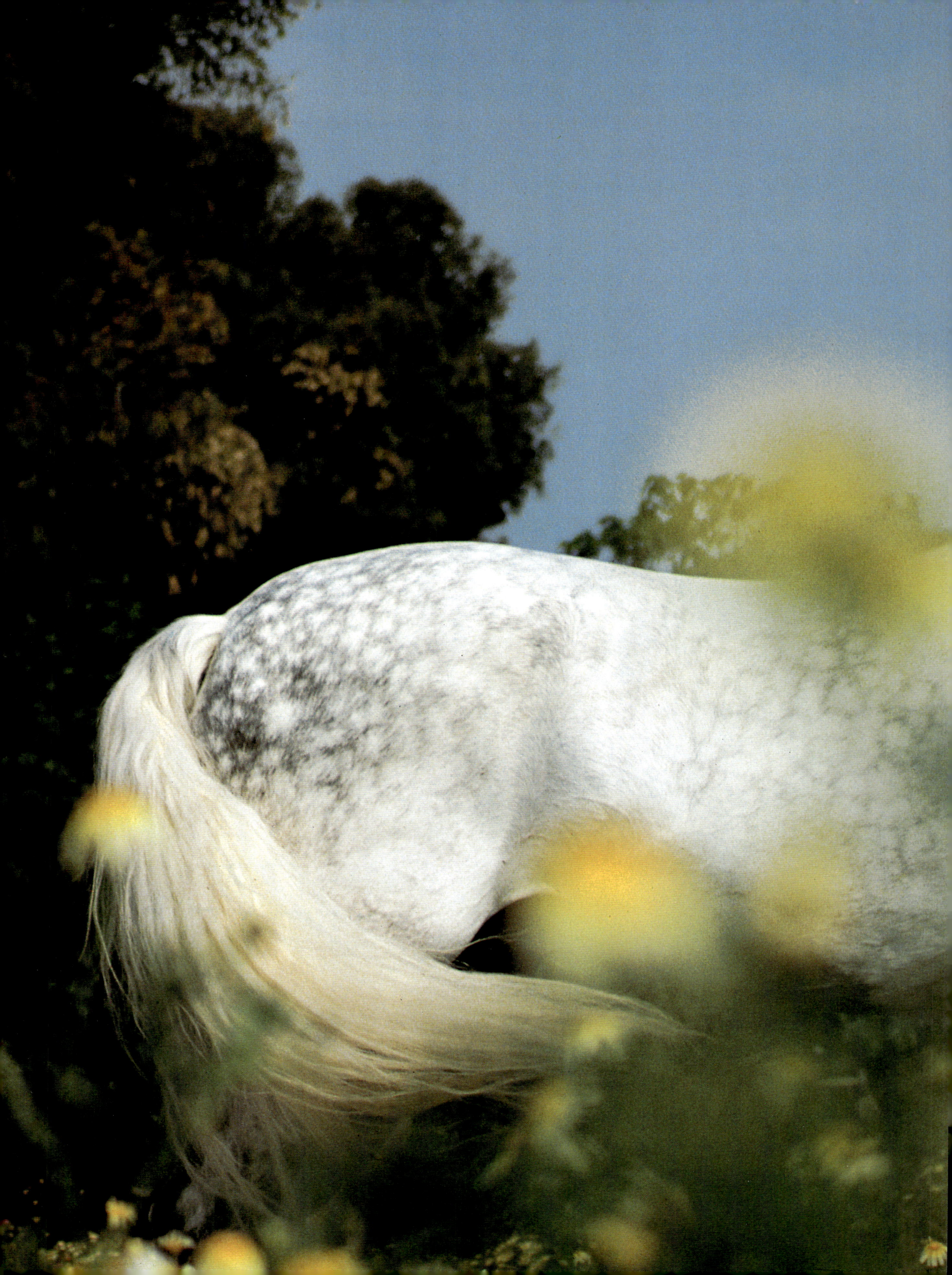

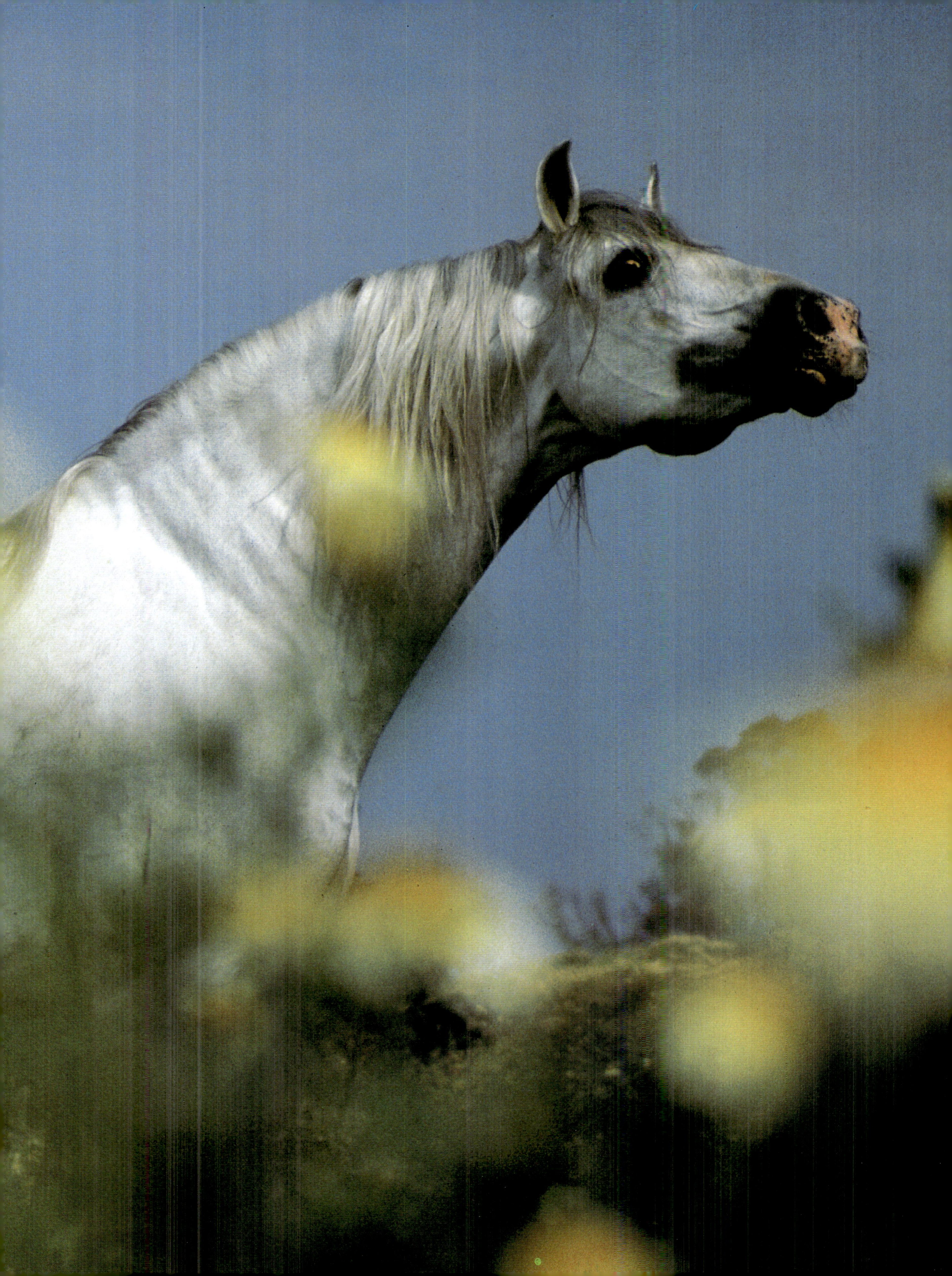

„*Viel Zeit muß vergehn,
bis jemals wieder
Ein Andalusier, so kühn
und frei, geboren wird;
Ich besinge deine Schönheit
mit klagenden Worten
und gedenke des traurigen
Winds im Olivenhain.*"

Frederico Garcia Lorca

Verzeichnis der Pferdebesitzer

ANDALUSIER:
Miguel Angel Cárdenas Osuna, Ecija (Sevilla), Spanien
Francisco Lazo Díaz, Hacienda Lerena, Carrion de los Céspedes, Spanien
Gestüt Terry, General Mola 2, Puerto de Santa Maria, Spanien

ARABISCHES VOLLBLUT:
Christian und Rachel Bourrasse, Harras de Nautiac, Tosse, Frankreich
Mariangeles Delclaux, Manás de la Hoz, Centro ecuestre, Liendo, Spanien
Dr.h.c.mult. W. Georg Olms, Hamasa Gestüt, Treis/Lda., Hessen, Deutschland
Miguel Osuna Saavedra, Cortijo Cassas Albas, Ecija (Sevilla), Spanien
Josef und Regina Pirklbauer, Grösslinggut, Freistadt, Österreich
Richard und Brigitte Roques, Domaine de Ninaute, Limoux, Frankreich
Jean-Marc und Christine Valerio, Haras d'Ainhoa, La Vieille Einseigne, Hasparen, Frankreich
Bertrand und Christine Valette, Mas de Lafon, Le Segur, Monesties, Frankreich

ENGLISCHES VOLLBLUT:
Gestüt Napajedla, Zamecka 582, Südmähren, Tschechien

FRIESEN-PFERDE:
Cor und Martina De Jong, Friesen Trainings-Center Federath, Overath, Deutschland
Bernd und Marie-Claire Reisgies, Gut Amtmannscherf, Odenthal, Deutschland

LIPIZZANER:
Balthasar Alois Hauser, „Stanglwirt", Going am Wilden Kaiser, Tirol, Österreich
Lipizzaner Gestüt Lipica, Sežana, Slovenien

WELSH-COB:
Miloš Welde, Gschwendthof, Maria Anzbach, Österreich

CAMARGUE-PFERDE:
Gilbert Arnaud, Mas De L'Eveillat, Les Saintes-Maries de la Mer, Camargue, Frankreich
Françoise und André Peytavin, Manade Salierene, Saliers, Camargue, Frankreich

FJORD-PFERDE:
Barbara Schacker, Christina Tietgen, Ponyreithof, St. Margarethen, Branneburg, Bayern, Deutschland

HAFLINGER:
Haflinger Pferdezuchtverband Tirol, Fohlenhof Ebbs, Österreich

ISLÄNDER:
Josef und Ingeborg Mayr, Sporthotel Parcours, Ampflwang, Österreich
Barbara Schacker, Ponyreithof, St. Margarethen, Branneburg, Bayern, Deutschland

Danksagung

Durch Freundlichkeit und hilfreiches Entgegenkommen haben viele Menschen meine fotografische Arbeit an diesem Buch unterstützt.
Allen möchte ich herzlich danken.

In Spanien waren dies besonders: Miguel Angel Cárdenas Osuna sowie Miguel Enrile Osuna und deren Stallmeister Antonio Calvo Aguilera; der Gutsverwalter der Finca El Corrin, Rafael Rodríguez Martín; Fernando Gago García, Pressechef des Gestüts Terry; Francisco Lazo Díaz und sein Gutsverwalter Antonio Sánches Carrasco; Miguel Osuna Saavedra, Antonio Diosdado Galán, Diego Diez Domecq, Fernanda Escalera de la Escalera, Manuel de Novales Vasco, Kommandantur des Militärgestüts Vicos; Luis Ybara e Ybara, sowie José Maria Ybara und deren Verwalter Rafael Romero Complido und sein Sohn Rafael Romero Ramos; Ulrike Marcik von der Finca für Shagya-Araber „La Cañada del Robledo"; Marieangeles Delclaux, Eduardo Via Dufresne und Roland Kreher.
Bei Kristian Fenaux erhielt ich wertvolle Anregungen. Meinem Pariser Freund Felix Ktorza, einem Kenner der Andalusischen Pferde, danke ich für eine umkomplizierte Vermittlung einiger Fototermine in Spanien.

In Frankreich hat Christel Siebert meine Fotobesuche bei vielen Pferdebesitzern optimal vorbereitet. Sie hat mir viele Wege geebnet.
Alle französischen Pferdebesitzer, bei denen ich fotografierte, wirkten sehr engagiert an meiner Arbeit mit und ermöglichten ein gutes Gelingen: Gilbert Arnaud, Rachel und Christian Bourrasse, Max Dardenne, Marc Jalabert, Jean-Luc Jardel, Françoise und André Peytavin, Cécile und Richard Philström, Brigitte und Richard Roques, Christine und Jean-Marc Valerio, Christine und Bertrand Valette.

In Deutschland durfte ich bei W. Georg Olms wiederholt seine schönen Asil-Araber fotografieren. Barbara Schacker, Christina Tietgen sowie das ganze Team von Pferdeliebhabern vom Ponyreithof in St. Margarethen haben mir oft und engagiert geholfen. Marie-Claire und Bernd Reisgies, Martina und Cor De Jong sowie Christa und Hans-Joachim Dannefelser bin ich zu besonderem Dank verpflichtet, sie alle besitzen herrliche Friesen-Pferde und haben meine Arbeit durch intensives Mitwirken unterstützt.

In Österreich bedanke ich mich herzlich bei: Josef und Ingeborg Mayr vom Isländer-Gestüt Ampflwang; Johannes Schweisgut, Robert Mair und Gerhard Blasnik vom Tiroler Haflinger-Fohlenhof in Ebbs.
Milŏs Welde ermöglichte Aufnahmen seiner schönen Welsh Cobs, Baltasar Alois Hauser Fotos seines „Millionen-Lipizzaner-Hengstes". Regina und Josef Pirklbauer bin ich ebenfalls zu herzlichem Dank verpflichtet.

In Slowenien gilt mein großer Dank Andrej Franetič und Vili Borjančič, sie ermöglichten mir Fotoaufnahmen wertvoller und attraktiver Hengste im Gestüt Lipica.

In Tschechien möchte ich mich bei meinen Freunden Zdenek Hlačík, Dr. Antonín Cernotský, Jan Sádlo sowie allen anderen Freunden, die bei meinen Aufnahmen mitwirkten, bedanken, ebenso in Napajedla, einem bekannten Gestüt für Englisches Vollblut in Südmähren.

Liebenau im Mai 1995

Tomáš Míček